国保保険税(料)

滞納整理の実戦論（基本編）

篠塚三郎税理士事務所
篠塚 三郎

㈱ 社会保険出版社

滞納整理チャート図

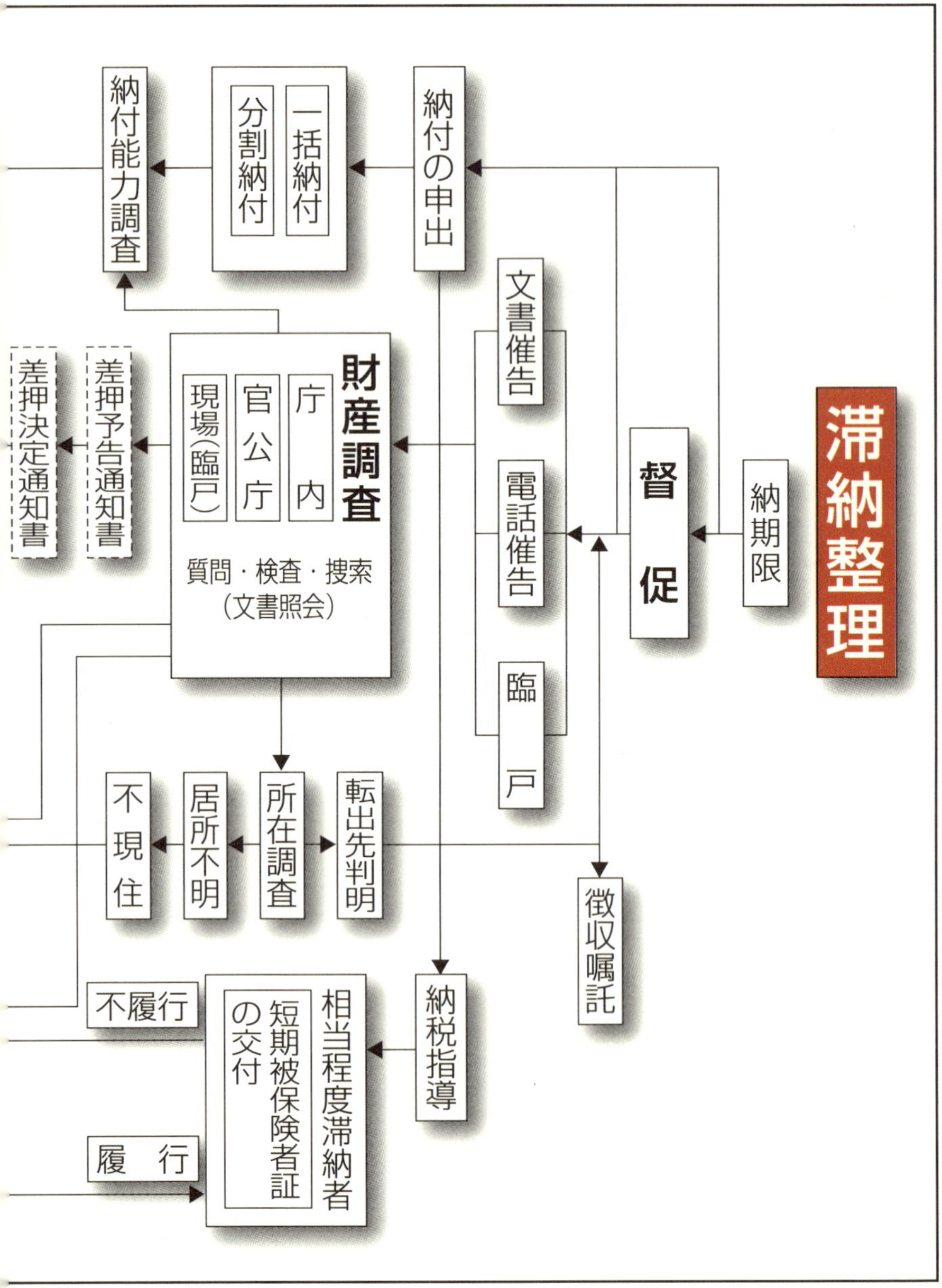

滞納整理
納期限
督促
文書催告
電話催告
臨戸
納付の申出
一括納付
分割納付
納付能力調査
財産調査
庁内
官公庁
現場(臨戸)
質問・検査・捜索
(文書照会)
差押予告通知書
差押決定通知書
所在調査
転出先判明
居所不明
不現住
徴収嘱託
納税指導
相当程度滞納者
短期被保険者証の交付
不履行
履行

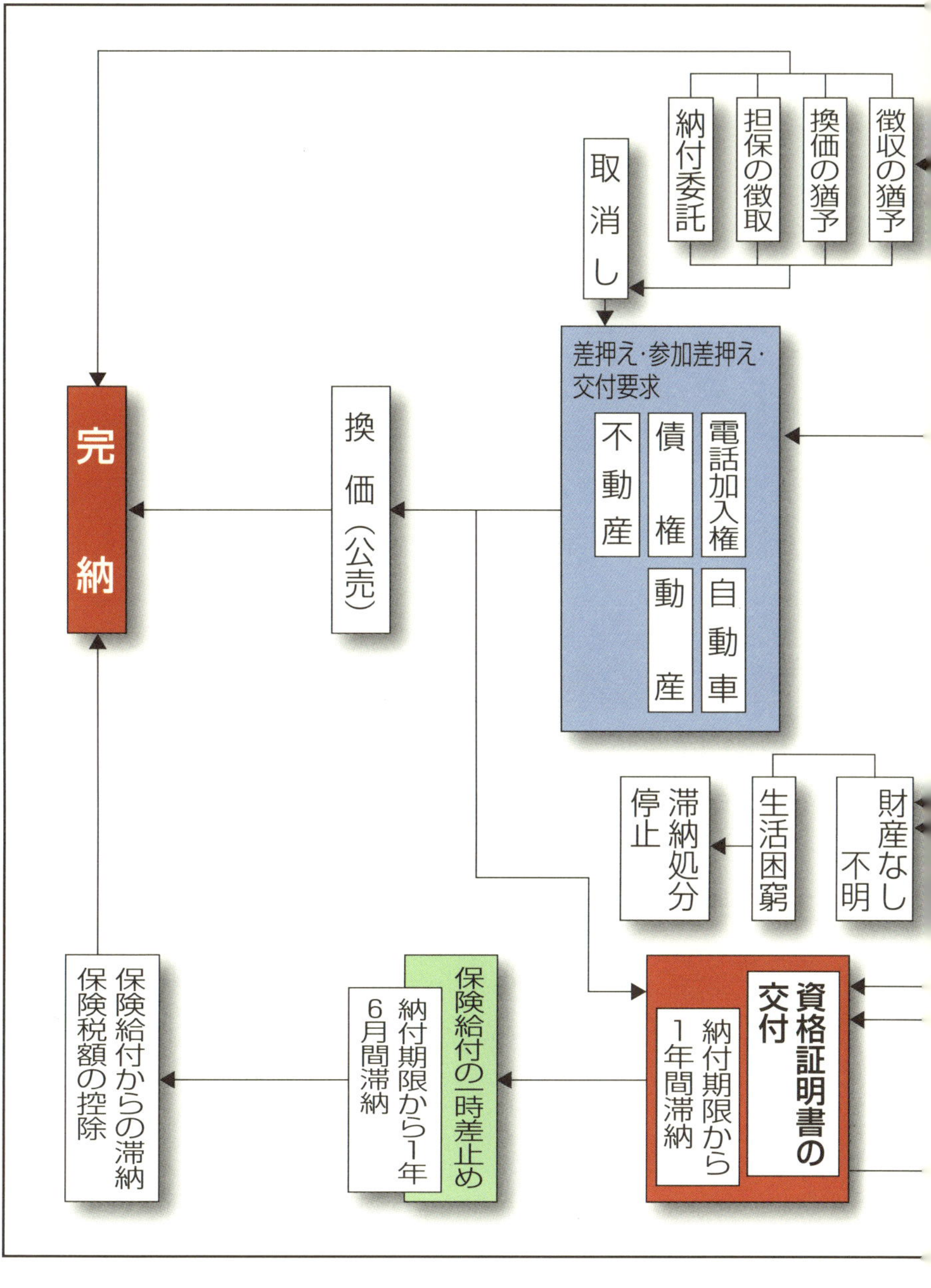

納付委託
担保の徴取
換価の猶予
徴収の猶予
取消し
差押え・参加差押え・交付要求
不動産
債権
電話加入権
動産
自動車
換価(公売)
完納
生活困窮
財産なし不明
滞納処分停止
資格証明書の交付
納付期限から1年間滞納
保険給付の一時差止め
納付期限から1年6月間滞納
保険給付からの滞納保険税額の控除

まえがき

平成十五年十一月二十日付の東京新聞の一面に「国保、強制徴収徹底へ」との大きな見出しが掲載された。厚生労働省が国民健康保険の保険税（料）滞納問題が深刻化しているため、滞納者への強制徴収を徹底するよう自治体を指導する方針を固めたという内容である。同省国民健康保険課は「早期に対策を講じないと保険制度が崩壊しかねない」と言っている。

私は、平成十二年四月に徴収アドバイザーとして活動を始めて以来、特に国保の徴収については強制徴収の必要性を説いてきた。全国各地での講演会、研修会の際に、あるいは国保連合会の冊子を通して、収納率向上対策の柱として「強制徴収」を問題提起してきた。

また、国民健康保険中央会が発行する月刊誌「国民健康保険」に、「滞納整理の実戦論」と題して、既に四十数回連載し、一貫して収入の確保、効率的で公平な事務執行には強制徴収は欠かせないことも主張してきた。こうしたなかで、講演会での受講生や、関係者の方々から本を出さないかとのお話があり、本書「国保保険税(料)滞納整理の実戦論（基本編）」を発刊することになった。

本書は、月刊誌「国民健康保険」に連載した滞納整理の実戦論のうちから基本的な部分を抜粋し、加筆して構成したものである。私の長年の経験から得た知識とノウハウ中から、滞納整理に従事する職員が自信とプライドを持って事務を執行するのに必要な知識とノウハウと実際の事例を紹介したものである。恐らく、今までの関係図書とはかなり異質な内容になったかと思う。今まで多くの国保税（料）滞納整理担当者の方がお困りになっていたことに答えている部分がかなりあると自負している。そして、国税徴収法を準用して滞納整理を行う県税、住民税及び社会保険料等にも十分活用できる内容になっている。なお、今後、本書の続編として財産調査法、差押手続き等を内容とした滞納処分編を発刊する予定である。ご期待をお願いする。

平成十六年二月

CONTENTS

CONTENTS

CONTENTS

CONTENTS

はじめに

医療保険を巡る様々な問題点が指摘されている。その中でも一番重大な問題は、国保の財政問題である。医療費は増大する一方でありながら、肝心の国保収納率は、年々低下し続けている。そのために、一般被保険者分の単年度収支差引額は、平成十二年度が一、〇二九億円の赤字であり、平成十三年度は更に八一六億円増加し、一、八四五億円と大幅に増加している。市町村では、この赤字分については、やむを得ず一般会計から繰り入れを行ってきたが、もはや限界になっている。このまま推移すると、市町村サイドからみれば、医療保険制度が機能しなくなってしまう状況にある。

ところで、私は神奈川県内の国保徴収担当者の実務研修を依頼され、受講者やその上司の方々とお話をすることが多い。その中で、大変に気になることがある。それは、未納保険料の徴収方法として、わざわざ相手の家に出向いて集金するいわゆる任意納付だけに頼っているケースが多いことである。それによって十分な成果が得られれば良いが、相手も慣れてしまい、その結果、ゴネ得を許し多額の債権を放棄する例も多くなる。こんなことが、住民の知るところとなったら、国保財政は、一挙に破綻してしまうであろう。それでは住民全体が困ることになる。つまり、負担能力のある者には、キチンと義務を果たしてもらわなければ、市町村行政全体への不信に直結してしまうのである。これは、何としてでも避けなければならない。そこで、これから私なりの実戦的滞納整理論を述べてみたい。

滞納整理の手法に王道はないと言われている。確かに、滞納の事例は千差万別で、ケースバイケースの対処が必要である。しかしながら、大量の事務処理を効率的にする場合や、滞納が継続的に発生する際の処理には一定の手順がある。この手順のうち、柱となる項目を順次ご説明したい。

1　早期着手の重要性

国保の関係職員から聞いた話では、現年度分の滞納は、定期の文書催告を行うことが主なものとなっており、積極的な滞納整理は行わないとのことである。その理由は、滞納してあまり時間が経過していないことや、そこまでやれる人手がないということである。私は、まず、ここに大きな問題があると思う。

初めて滞納する人のほとんどは、督促状を見て「マズイことになってしまった、なるべく早く納めなければ厳しい処分があるかもしれない」と不安に思っている。

ところが、督促状がきて差し押さえられるのかと思っていたら、結果として何もされず、それから暫くしてまた文書催告がくるが、それも放置しておいたら、以後は何も言ってこなくなった。こうなると滞納者は「滞納してもどうってことはないいんだ」と思ってしまう。滞納者に抵抗力をつけてから滞納整理を始めるのでは、手数が掛かるのも当たりまえである。滞納者がマズイと思っている間に接触を図るべきである。また、時間が経てば経つほど、滞納は累積し、高額になる。滞納額が小額なときには納めやすいが、

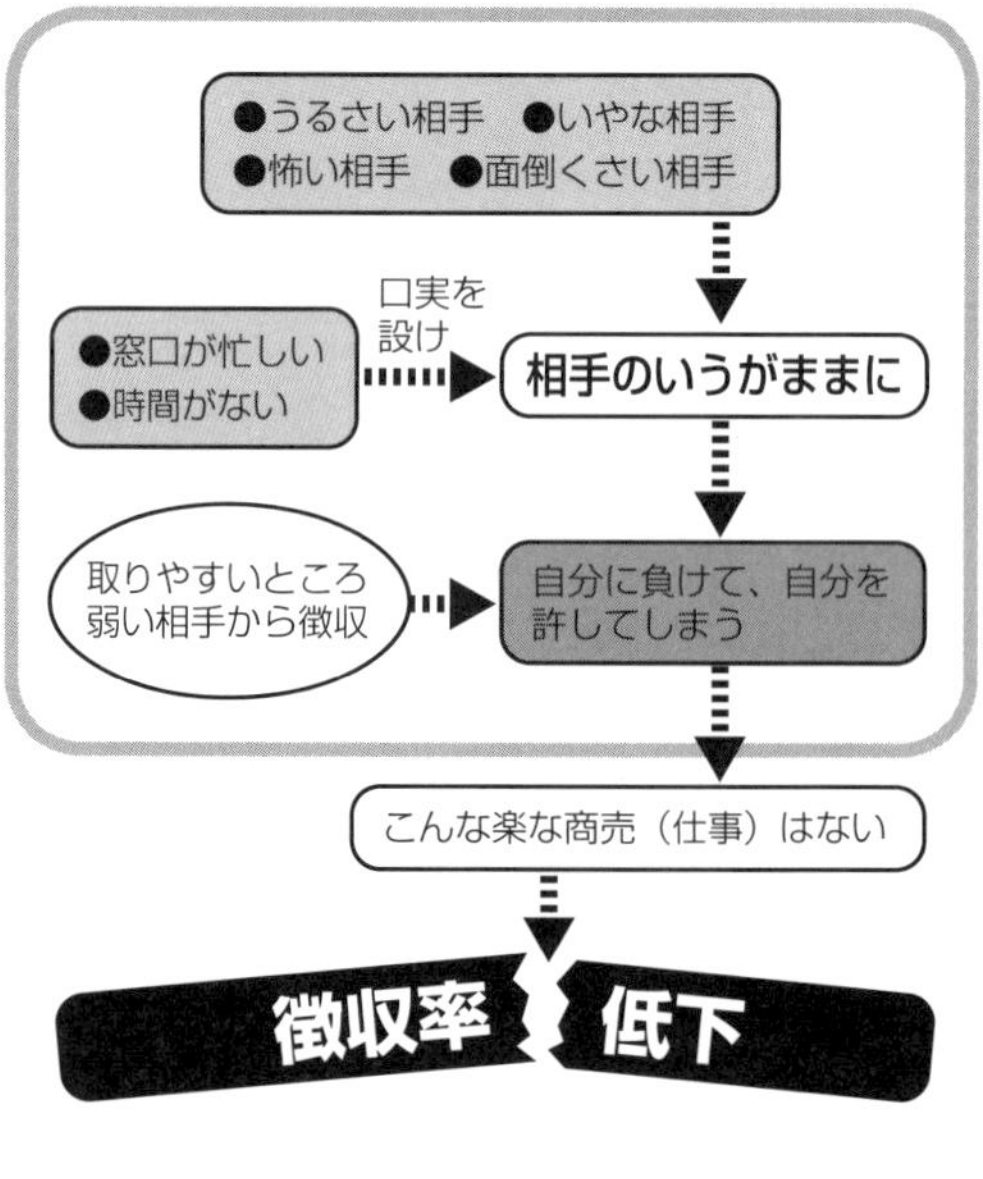

累積して高額になればなるほど納めづらくなるのは道理である。また、資金の手当てに困っている人の財産は、時間が経つほど散逸するのも事実である。だからこそ、継続して発生する国保税（料）の滞納を完全に整理するための最大のポイントは、現年度分の滞納が発生した段階でストップさせることである。新規の発生さえなければ、累積滞納分は分割納付によって徐々に縮小し、いずれは、完納になるのである。こうしたことからも、現年度分の早期の滞納整理が望まれるのである。

次に、早期着手の具体的方法である。通常、督促状を発付後一〇日を経過すると、滞納処分に着手することができる。できる限り速やかに、電話等で滞納者と接触し、催告することが効果的である。滞納者との接触を避けて、文書催告を繰り返し、時間を徒過することは厳に慎みたい。なぜならば、滞納者と直接言葉を交わすことにより、こちらの意気込みが伝わるし、納付する誠意があるかどうかや、滞納の理由、職業、連絡先等を把握することができ、以後の処理方針を立てることができる。滞納の事案に応じて、自主納付を推進する、徴収を猶予する、自主納付が期待できず財産を調査し差し押さえる、滞納処分の停止にするといった交通整理ができれば、滞納整理を効率的に行うことができる。

2 自主納付の重要性

国保税（料）の徴収も行政の一環である。可能な限り、滞納者に理解と協力を得て自主的な納付を促すことにより、以後の納付についても、協力が得られるような折衝や徴収方法を取ることが理想である。また、事務処理的にも自主納付のほうが効率的である。こうしたことから、まず、自主納付を促すわけであるが、これが、なかなかキツイ仕事である。多くは納得して協力してくれるが、滞納者の中には理不尽な者も少なからずいる。自分が義務を果たさないことを棚に上げて、一方的に行政への不満をぶつけたり、それが通らないとなると暴力を振るう者までてくる。こうした人達に対しても理解と協力を求めなければならないわけである。これが、なかなか思うようにいかないのも現状であるが、行政としても、熱意と誠意をもって自主納付を促す努力をすれば、後に差押え等の滞納処分をしたときに、この努力が相手方に対する大事な説得材料にもなるので、十分に手だてを尽くすべきである。

3 差押処分の必要性

しかし、納付する能力がありながら、なかなか理解が得られず、納付に至らないケースも当然、でてくる。そうしたときに、事なかれ主義で何時までも見込みのない折衝を続けたり、そのまま放置し、その結果として時効により債権放棄してしまうことを関係者の方々はどう思っておられるのだろうか。職務怠慢を指摘されても致し方ないし、公平の面からも大いに問題がある。多くの善良な納税者の信頼を裏切ってはならない。

納付する能力がありながら、絶対に納付しない者に対しては、差押処分により強制的に徴収することが、徴収職員に対する住民の信託である。現状の、集金を中心とする徴収方法を続ける限り、国保税（料）の未納問題が解決されることはないし、滞納額は、更に増大することになる。だからこそ、差押処分という対応も検討し、実行することが絶対に必要である。

第1章　税の優先的徴収権について

私は、広義の意味で、税の優先的徴収権を一般的優先権と自力執行権の両輪で考えている。この二つの優先権はお互いに補いあって最大の効果を発揮するのである。

まず、なぜ、税に二つの優先権が認められているのかお話ししたい。

税が地方団体存立の財政的裏付けであり、税収の確保が地方団体の活動の基礎をなすことは異論のないところである。税は、行政の一般的な財政需要を賄うために、法律に基づいて一律に成立し、直接の対価なしに徴収されるものであり、双方の契約により成立する私債権とは根本的に異なるものである。

更にその徴収は、大量性、反復性を有し、あまりに煩雑な手続きを要求すると迅速かつ効率的な税の徴収が図れないことなどを考慮して、二つの優先権を認めたものである。

次に、各優先権について、お話ししたい。

1　一般的優先権

一般的優先権の内容は次のように規定されている。「税は、納税者の総財産について、法に別段の定めがある場合を除き、すべての公課その他の債権に優先して徴収する」。

租税の優先権は、租税債権と他の債権が同時に納税者の財産から弁済を受けようとする場合に、原則として、他のすべての債権に優先して弁済を受けさせようとしたもので、弁済について順位上の優先権が与えられていることを意味するものである。

「優先して徴収する」とは、滞納者の財産が競売になって、その配当に当たり、税と公課とその他の債権が競合するときに、税は他の債権に優先して配当を受けることをいう。

したがって、競売開始前に滞納者が任意に他の債権を弁済することを阻止できるということではない。もし、実務的に任意弁済を阻止しようとするのであれば、自力執行権を行使し、財産を差し押さえることになる。「納税者の総財産」とは、滞納者に帰属する財産で、差押禁止財産を除いたすべての財産をいう。ただし、第二次納税義務を課した場合等で財産が限定されるときがある。

「法の別段の定め」とは、地方税の場合、地方税法一四条の九から一四条の二〇までに定められていることをいう。その主たるものの概要は、次のとおりである。

(1) 法定納期限等以前に設定された質権の優先

滞納者が、その財産に質権を設定している場合に、その質権が地方団体の徴収金の法定納期限等以前に設定されている場合には、その地方団体の徴収金はその換価代金につき、その質権により担保されている債権に次いで徴収する。

質権の担保する債権額は、設定行為に別段の定めがない限り、元本のほか、利息、違約金、質権実行の費用等に及ぶものとされている。ただし、利息は不動産質権の場合には、原則として、請求できない。

(2) 法定納期限等以前に設定された抵当権の優先

滞納者が、地方団体の徴収金の法定納期限等以前にその財産に抵当権を設定しているときは、その地方団体の徴収金は、その換価代金につき、その抵当権により担保される債権に次いで徴収する。抵当権によって担保される債権額の範囲は、元本のほか、満期後特別の登記がない限り、最後の二年分の利息、債務不履行による損害賠償金の最後の二年分に及ぶ。

なお、根抵当によって担保される債権額は、その極度額に限られる。

(1)の質権及び(2)の抵当権の優先額の限度は、その質権者または抵当権者がその地方団体の徴収金に係る差押えまたは交付要求の通知を受けたときにおける元本の額を限度とする。ただし、その地方団体の徴収金に優先する他の債権者の権利を侵害することとなるときは、この限りではない。

(3) その他の優先に関する規定

その他、不動産保存の先取特権等、法定納期限等以前にある不動産賃貸の先取特権等、留置権、法定納期限等以前にされた仮登記により担保される債権の優先等の規定がある。

このように、一般的には税優先としながらも、民間の取引の安全性を図る見地から、一部債権は税に優先することとしている。なお、料は税に劣後することとなる。

2　自力執行権

自力執行権は、税の賦課徴収が大量・反復性を有し、その徴収を迅速的かつ能率的に行うために私法制度とは別個の特別な強制執行制度として設けられている。

民事債権で強制執行しようとするならば裁判所に訴えて、債務名義（判決、調停調書、支払命令等）に執行文（この債務名義で強制執行してもよいとするもの）を付与してもらい、執行裁判所なり執行官に強制執行を委ねる。いわゆる他力執行によることとなる。したがって、民事債権の回収には多くの費用と時間がかかるのが、実状である。

ところが、自力執行権を持つ徴税吏員は、処分の要件さえ整っていれば、一人一人が滞納者の財産を差し押さえ、公売（取立て）をして税を徴収することができる。財産の調査においても、滞納者等の家に捜査令状もなしに立ち入ることができるのである。債権確保をするうえで、先着手が大事であることを考えると、自力執行権を有しているということは、私債権に比べ、徴収のスピード面で圧倒的に有利であるということができる。

しかし、これらの優先権は、権限（差押え、参加差押え、交付要求）を行使してはじめて実を結ぶものであり、行使しなければ、無意味な規定になってしまう。これらの規定の活用は徴税吏員の裁量行為であるとはいえ、行使しなければならない義務であると私は考えている。

事例　一般的優先権を理解させた事例

この滞納者は、建売りを主たる業務とする不動産業者である。前年度は業績も良く、決算で利益を計上することができた。しかし、今年度は、急激に売行きが悪くなり、資金繰りに行き詰まっていた。そこに、以前に取得した土地の不動産取得税一三〇万円が課税され、滞納となったケースである。早速、滞納者と面接し、事情を聞いたところ、前年までは販売が順調であったため、金融機関から多額の借金までして土地に先行投資をしてしまった。この土地の処分ができず、借入金の返済に追われている状況とのことである。月次資金繰表を提出させたところ、滞納者の説明どおり収入は一千万円あるが、借入金の返済額が六百万円あり、残金は人件費等に支出されている。確かに余裕は認められない状況である。ここで納得してしまってあきらめては、この事例は解決しない。そこで、この条件下での解決策を考えた。

私は、滞納者に対して、一般的には私法上の債権よりも租税債権が優先するという、いわゆる租税債権の一般的優先権について説明し、返済よりも租税の納付が優先されるべきである旨主張した。しかし、当然のことであるが、借入金の返済を遅らせると、今後の融資が受けられなくなる恐れがあると主張し、納得しなかった。こちらとしても、譲るところは譲り、妥協点を見いだそうと努力したが、なかなか理解が得られなかった。延滞金が借入金の利息よりも高いので、租税を先に支払ったほうが有利という話もしたが、それでも支払えないとの回答であった。分割納付もできないとのことなので、交渉は暗礁に乗り上げてしまった。そこで、残念ながら強制的な滞納処分を執行せざるを得ない旨を説明したところ、それは色々な面で不都合があるので困るとのことであった。その後、時間をかけて折衝したところ、最終的に次の条件で納付するという話し合いが成立した。初めに三〇万円納付し、残りを二〇万円ずつ五回で分納するということである。納付方法は約束手形による納付受託である。

次に、滞納額が五〇万円以上なので担保を要求したところ、不動産はすべて商品であり、担保として提供することはできないとの申立てであった。しかし、既に金融機関の抵当権がついている。租税の抵当権がついても取引にそんなに支障はないはずと説得したところ、シブシブではあるが了解した。

その後、この滞納は、手形が順調に決済されて完結となった。

この事例が成功したポイントは、租税の一般的優先権を滞納者に理解させたこと、また、納付方法として納付受託するとともに担保を徴したことである。なんだそんなことかと思った方が大勢いると思う。しかし、実務でこのように処理することができる職員が何人いるだろうか。ほとんどの滞納事例は、このように特別の知識や経験がなくても処理できるものである。特別な知識や経験が必要な事例はごく僅かと言ってもよいと思う。大事なことは、ヤルべき時にヤルべき事をすることである。そうした毎日の積み上げが年間では大きな成果につながる。

第2章　滞納者との対応

1　窓口での対応

窓口での対応で一番大事なことは、機敏で迅速な対応である。事務を取っているときも常にカウンターに注意し、来客があれば待たせず対応できるようにしなければならない。対応が遅れて苦情を申し立てられては、仕事を増やしてしまうので、是非ともこれは避けたいものである。

窓口が混雑しているときなどは、「恐縮ですが、少々お待ちいただきたいと思います」と一声かけることで相手の気持ちを和らげ、トラブルを少なくすることができる。面接する場合には、まず、「ご苦労様」といったねぎらいの挨拶をし、次に「お待たせいたしました、○○課の○○です、ご用件は」と言うことにより、相手との会話をスムーズにし、正常な応対ができることになる。折衝では、①相手の言い分をよく聞き、②こちらの主張は、専門用語を多用せず、わかりやすく具体的にする、③アイマイな受け答えはしない、④メモを取り、用件を確実に把握する、といったことを心掛けたい。

場合によっては、滞納者は、他の来客に話の内容を聞かれたくない場合もある。場所を別室等に変えるなどの配慮も必要である。特に、反発の強い滞納者に対しては、担当者任せにせず、上司や管理職も窓口に出るなど、組織的対応を常日頃から確立しておかなければならない。また、せっかく滞納者が来庁したのだから、相手の話を聞くだけでなく、先々のことを考えて、昼間の連絡方法や勤務先等の情報を得ておくことが大事である。

2　対応の実戦

一般的に滞納者は、滞納していることに負目を感じている。感じていないとしたら余程の悪質滞納者である。負目を感じているからこそ、開き直ることが多いということを前提として承知しておいていただきたい。

次に、折衝、相談で心掛けなければならないことは、言いづらかったり、相手が反発しそうなことでも、言うべきことは絶対に言わなければならない。問題の先送りは、小さな事を大きな問題にするし、解決が困難になることを理解しなければならない。自らの言動、行動に誇りと責任を持つことである。分納相談等の場合には、徴収猶予、換価猶予も考慮に入れて相談に乗るようにしたい。これらの知識がないと、納税者に親切な対応ができないことになる。普段の自己研修が大切である。

(1) 突然の来所

滞納者が、突然来所した場合で一番に問題になるのが、担当者が不在のときの対応である。「担当者がいないのでわからない」では、滞納者に口実を与えることになり解決が困難になる。担当者が不在でも、在庁者が対応できる体制を整えておかなければならない。そのためには、滞納整理経過が正確に記録され、その書類が一定のルールの下に管理されていて、誰でもが必要なときに直ぐ取り出せるようにしておかなければならない。滞納整理経過を担当者の記憶委せにしている等は論外である。滞納者が滞納整理経過記事に記載のないことや異なる主張をするときは、担当者に確認してから判断したり、結論をだすべきである。

滞納者は、担当者がいないことにつけこんで、身勝手な主張をすることが多いから注意すべきである。

また、特殊な状況にある事例は、上司や同僚にも前もって理解しておいてもらうことも必要である。最近は、担当者が出張するときに携帯電話を持参させ、いつでも連絡が取れるようにしている地方団体がほとんどのようで、即応体制として評価できるものの、だからといって、滞納整理経過の記録はなくてよいということではない。

(2) 特殊滞納者の来所

粗暴な滞納者等、対応が困難な事例では、事前の準備が重要である。

事前に特殊滞納者が来所することがわかっていると、職員が対応を避けがちである。担当者任せにせず、組織的に対応することである。来所したら誰が対応し、どんな方針で折衝するかを決めておけば混乱することがない。折衝は、二人以上あるいは相手より多い人数で対応し、周囲に暴力を阻止する職員を配置する。残念ながら、事件が発生した場合のことも考えて、警察への連絡係や記録係等を決め、担当した各人が、役目をきちんと果たせるようにしておきたい。用心するに越したことはない。また、相手が粗暴で傷害事件の発生などが予測され、職員では対処しかねる状況であれば、当初から警察官の協力を得ることである。事件が起きてからでは遅すぎる。特殊滞納者は、警察でも問題を起こしていることもあり、警察の協力も得られやすい対象であることは間違いないと思う。大げさにしたくないという意識は捨てるべきである。

事なかれでは、適正・公平な税務行政はなしえない。事が起こると、何もかも小手先で問題を解決しようとするが、それが相手につけこむスキを与えることになる。最悪なのは、相手の脅しに負けて行政側が違法な行為をしてしまい、その後、その違法を口実に脅され続け、次々と相手の要求を飲まざるを得なくなることである。困難でも、常に毅然と対処することが、最良の方法であることを忘れてはならない。さらに具体的な話を進めたい。

ア　対応者

対応する者は、事前にそれまでの折衝経過をよく把握し、齟齬《そご》のないようにしたい。また、粗暴な滞納者の場合は、あらかじめ警察と対応を打ち合わせするとともに、情報を得ておくことも、折衝を成功させる要因の一つである。

特殊滞納者は、往々にしてトップとの面会を要求することが多い。相手が要求したからといって必ずしも要求に応じる必要はない。どの組織でも、役割は分担されているのであって、担当者で不満ならば、その上司が対応すればよいことであって、相手の指名した者が対応する必要は少しもない。来所者の要求に応じて、簡単にトップが応接する組織がどこにあるだろうか。公務員とて同じことである。トップを出すか出さないかは組織側の判断であって、滞納者に指示されることではない。組織人は、このことを心しておくべきである。関係する職員が各人の役割に応じた責任を各段階で十分に果たすことが、問題を解決するために非常に重要なことである。

折衝を開始するに当たっては、相手の氏名、会社での肩書き、あるいは委任状等を確認することにより守秘義務に反することのないようにしたい。

イ　対応の場所等

特殊滞納者と対応する場合に、カウンターで応接すると、他の納税者に迷惑が掛かることと、滞納者が他の来庁者を意識して故意に大声を上げることが多いのでカウンターなど窓口での応接は、可能な限り避けるべきである。事務室に隣接した応接室がベストであると思う。応接室での成り行きを、他の職員が認識できるからである。何か事が起これば、他の職員が直ちに対応できる状況が望ましい。粗暴な相手の場合には、多人数で対応するのは当然であり、凶器となるような灰皿も置かないくらいの用心が必要である。時と場合によっては、お茶さえも出さないくらいの配慮が大事である。相手を牽制したり、証拠を残すためにも監視カメラやテープレコーダーを設置しておくことも必要である。そのくらいの配慮ができなくては、職員に毅然とした対応を求められない。

応接室での座る位置については、一般的には、行政側が入り口近くに位置どるように言われているが、私は、ケースバイケースではあるが、基本的には相手を入り口側に座らせるようにしている。何故ならば、相手は滞納者で行政側がそんなにへりくだる必要はないと考えるし、滞納者は、こちらがへりくだると嵩にかかってくる傾向が強いからである。

事例　来庁者の確認と守秘義務

現在各地で守秘義務問題が発生している。一つの事例をご紹介するとおおよそ次のような内容である。

ある日、滞納法人の役員を名乗る者（名刺持参）が来庁し、差押中の不動産の任意売却を申し出た。現在の滞納額、不動産を売却した場合の納付額、延滞金額、差押解除の手続き等を確認して帰った。それから数日して、会社の代表者から電話があり、どうして部外者に情報を漏らすのかとの苦情があり、役員を名乗った者は、部外者であることが判明した。滞納法人は、そのことで色々な損害を被ったということで、損害賠償訴訟を考慮中だという。そこで、地方団体の方から私に相談があった。

私は、私見であるが、次のように回答した。

まず、問題全体に対する結論としては、「不適切ではあるが、損害賠償に応じることはない」と回答した。その理由は、現状では、納税者が来所したときにどの地方団体でも、明確な本人確認は行っておらず、また、いちいち本人確認を行うことは、多くの納税者に負担を掛けることになり、納税者の利便性を低下させることになると考えたからである。

そして何よりもこの事例の場合、名刺を提示しており、一般的にはお互いにこれを信じているのが現状である。地方団体も滞納法人も共通の被害者と考えることもできる。今後の問題としては、滞納法人の協力を得て肩書き詐称での告発を検討すべきであると教示した。

このような事件への対応としては、いつも折衝している者以外の者が訪ねて来るなど怪しい場合には、なんらかの方法で納税者に確認をとってから折衝を行うことも必要である。

ウ　対応の留意点

次に、対応する場合の留意点であるが、今まで言われているのは、まず言葉づかいに気をつけて！ということである。それはそうかもしれないが、相手は言い掛かりをつけようとしているのであり、言い掛かりをつけられまいとするあまり、言うべきことを言えないことのほうが問題なのではと考えている。かえって言い掛かりをつけられたときの毅然とした対処のほうが、過度に言葉づかいに気をつかうより大事なことに思われる。

税金から給与をいただいているからと言って、滞納者に対して、決して卑屈になることはない。住民から信託を受けて大切な価値ある仕事をしているのである。また、一人のための奉仕者ではなく全体の奉仕者である。一人の無理な要求を聞くことは、全体に対する公僕としての立場を捨てることになる。あくまでも是々非々で対処すべきである。窓口でどんな大声でどなろうと、それが言い掛かりであれば、毅然と対応し、決して妥協してはいけない。また、上司は、そうしたときにはトラブルと考えないでほしい。あくまでもトラブルは組織側にミスがあった場合のみであって、滞納整理にぶつかり合いは当然であると思ってほしい。

滞納者の常套《じょうとう》手段として言い掛かりをつけ、謝ることを強要する。ときには謝罪文を要求する。こうしておいて、自分の立場を有利にして、本来の折衝を有利に進めようという魂胆《こんたん》である。必ず大声で威嚇《いかく》する。机を叩いたり蹴ったりもする。これもすべて威嚇である。こうしたことをしたときは「ヤメナサイ」と明確な態度をとる。それでもヤメナイときは、「帰っていただきますよ」とこちらの意思をはっきり伝える。なお続けるのであれば、「お帰りください」と退去を求める。それでも応じなければ「警察を呼びますよ」と注意を促す。それでも退去しないときは本当に警察を呼ぶだけの覚悟をしていないと、足元を見られて長時間粘られることになる。長時間居続けられ、夜中になりタクシーで送り届けたという、笑えない本当の話がある。事なかれ主義の対応により生じた馬鹿げた出来事である。

ケースとしては少ないが、職員のミスもある。そんなときには、言い訳せずに素直に謝罪し、その後の処理を誠意をもって行うことである。

事例　言い掛かりと対応

よくある言い掛かりの事例をご紹介したい。一番多いのは「木っ端役人のくせにその態度は」とか、「税金で給料をもらっているくせに」といったことである。ほとんど、担当者が相手の言いなりにならなかったときの滞納者の言い掛かりである。木っ端役人云々は論外であるが、税金で給料をいただいているからこそ法律に従い公平に対処しなければならないと相手に言うべきである。次に多いのが「法律法律と言う」との苦情であるが、法律は、担当者によって異なる取扱いになったり、その日の気分で公務員が勝手に処理できないようにするための決まり事である。公務員が、法律を基準に判断するのは当然のことであることを、理解してもらう必要がある。その他「払ってやるから取りに来い」という者もいる。堅いことを言わせていただくと、法律的には、税でも料でも、持参債務といって、債権者が指定した場所において支払うべきもので、取りに来いと言える性格のものではないのである。

☆コラム☆

初めての滞納整理

友達に貸した金さえ、返してくれとも言えないような気弱な人が、ある日、突然、徴収担当の仕事を拝命する。辞令一枚で仕事が決まる。公務員の宿命である。

その日から、徴税吏員である。どさっと引継ぎを受けた滞納の山に途方に暮れる。税務交渉は、公務員の世界で困難を極めるといわれる労務交渉、用地交渉とともに、三大交渉といわれ、いずれも不人気である。つまり、ハードルが高いのである。新規税務職員研修に出てみても、関連の法律が多く、差押えやら何やらと細かな手続きも多い。財産調査は、質問検査権を行使してなどと言われても、これには具体的な手順はない。実務で覚えるしかない。

どうしたものかと、いささか滅入ってしまうのも、致し方ない。滅入ってばかりでは仕事にならない。ひとまず深呼吸をして、腰を据えよう。

そこで、初めての滞納整理をどう進めるのか考えてみたい。

まず、滞納整理の基本は二つあると考えたい。

一つは、滞納者に、滞納になっているから納めてくださいとはっきり、きっぱりと言うことである。

二つ目は、折衝（交渉）は腰を据えて、こつこつ切れ目なく進めることである。いくら滞納件数が多くても、これを、きちんとやることで、滞納の累積をとめることができ、やがて滞納は減少する。

納税の約束をしたら、その期限をカレンダー等に書きとめ、その履行をきちんとチェックする。約束が守られなければ、放置することなく電話をしたり、滞納者の自宅や事業所に出かけ、事情を聞いたり、様子を確認する。

この場合、電話よりも滞納者の自宅等に出かけたほうが、催促の効果は、大きい。

滞納者にとって、徴収に来られることは、家族、従業員はもとより、お客や得意先の手前、なんとも体裁の悪い、恥ずかしいことである。

つまり、徴税吏員が、訪問することは、滞納者にとっては無言のプレッシャーである。

このことを忘れないで、十分に、活用して頂きたい。

もちろん訪問したときは、ごめんください、○○事務所（○○課の）○○ですと、はっきりした声で名乗ろう。ときには、徴税吏員証を提示してみよう。

約束が再三破られるようでは、仕方がない。係長、ベテランに同行を依頼して、再度訪問するか、納付計画を立てて来所するように話し、来所の約束をとるようにする。

これがきちんとできれば、滞納の八～九割は収入化できる。

このような手順を踏んでも、納付しない滞納者は、差押えをすることになるが、係長、ベテランに相談をして、財産調査や差押えの手ほどきを受けよう。

これの繰り返しが、面倒臭いと思った法律や、手続きを身につける早道である。

第3章　トラブル対処法

私は当初から、納付能力がありながら納付意思のない悪質な滞納者に対しては、毅然として、滞納処分を行うべきであると述べている。ところが、そうした悪質な滞納者に限って反発力が強く、担当者が手を焼き、手をこまねくことになる。滞納処分に至る前にどんなに手だてを尽くしたとしても、必ず激しく反発し、時には暴力行為にまで及ぶ者がいる。財産を差し押さえられて感謝する滞納者はいないし、反発が予測できるので、処分すべきであることは承知していてもやり過ごすことになるのである。非常に残念なことではあるが、それが現実である。さりとて、完全に反発を封じる方法もない。徴収の仕事は、反発を覚悟して対処せざるを得ないことが度々ある。甘く考えて対処すると、大変な結果を招くことになる。こうしたことから、常日頃からトラブルに対する体制を確立しておく必要がある。

1　トラブルの考え方

滞納者がカウンターで大声を出したり、延々と職員を非難するといったことは、徴収担当の職場ではよくあることである。

私は、これをトラブルとは考えていない。言い掛かりや、処分に対する単なる反発は、狭義にはトラブルとは考えないということだ。本来、行政側がトラブルと捕らえなくてはならないのは、行政側にミスがあった場合である。滞納者が文句を言うたびにトラブルとすると、真剣に仕事に取り組む職員ほどトラブルメーカーになってしまう。真剣に仕事をすればするほど、反発が多くなるからである。ほとんどの場合が、私が言うトラブルではないのである。

2　言い掛かりや反発への備え

言い掛かりや反発でも担当者任せにすべきではない。言い掛かりや反発にどう対処するのか、体制や役割を事前に決定しておき職員に周知しておくべきである。

まず、普段から職員が心掛けておかなければならないことは、安易に妥協して、トラブル等を解決するような、事なかれ主義の態度をとることのないように、習慣づけておくことである。普段、逃げの対応をしていると、咄嗟《とっさ》の時にその習慣が出てしまうものである。また、管理監督者は、職員の一人一人が役割を十分に認識し、責任をもってその役割を果たすように了解させておくべきである。更に、管理監督者は、そうしたときにリーダーとして、率先して、トラブル等の解決のための行動を起こさなければならない。問題が起きたら席を外してしまうようでは、職員はもとより、住民の信頼を失い、管理監督者として失格である。こうした原則的なことを踏まえた上で、問題が起きた場合の対応について述べてみたい。

3　言い掛かりや反発への対応

言い掛かりや反発は、窓口、現地、電話応対等で発生することが多い。それらの場合を想定して考えてみたい。まず、初期的対応について述べる。

(1)　公務員だからといって卑屈にならない

滞納整理といっても行政の一環であることに変りはない。当然、公僕として住民の理解と協力を得て行政を執行することが重要である。しかしながら、公僕は全体の僕であり、決して、一部の住民のための僕ではないのである。住民として、当然成すべき義務を果たさず、以後の折衝にも誠意を示さず、その結果、致し方なくした差押等処分に対する言い掛かり等に対しては、是々非々で毅然と対応することが大事である。安易に小手先での解決を図るべきでない。

(2) 明瞭な言葉で対応する

滞納者の主張だけが響き渡り、担当者の説明が全く聞こえないことが多い。他の来庁者には、職員が何かミスをしたのかと、受け止められてもしかたない。また、上司にしても職員の主張がわからないので、その内容を正確に把握することができない。担当者は、せめて、関係者が状況や問題点を把握できる程度の音声で、明瞭な発言をすべきである。

(3) 担当者任せにしない

問題が発生すると自分に火の粉がかからぬようにと、身をかわす人がいる。君子危うきに近寄らずといったところであろうか。特に、普段大きな事を言っている管理監督者に多い。そんなことでは、真面目に仕事に取り組む職員は、たまったものではない。関係者は自分の問題として捕らえるべきである。特に、管理監督者は問題解決が最も大事な職務である。的確な指示をすると同時に、自ら率先して解決に当たるべきである。

(4)「上司を出せ」という要求は断わる

原則的には、要求に応じる必要はない。特に、トップに対する面会要求は拒否すべきである。現在の組織では、役割分担が明確にされているので、担当課で対応すべきである。何処の社会で、トップが直ぐに会う所があるだろうか。まず、どの部署の誰が責任ある立場にあるのかをよく説明すべきである。更に、上司に会っても結論は同じであると伝えることである。しかし、一方ではトップまで行かれることを恐れてはならない。恐れることにより、安易な解決を図るようになるからである。

また、管理監督者が心しなければならないことは、滞納者がなぜ、上司に会うことを要求するかということである。その一つの理由は、部下に対する脅しである。もう一つの理由は、上司が安易な解決を図りがちであることを、承知しているからである。管理監督者が、子細を知らない上司や部下よりも毅然とした態度をとって、説得に努め、いわれのない言い掛かりや反発をはねかえすべきである。

(5) トラブル発生時の対応（行政側にミスがあったとき）

トラブルが発生したときには、その事実関係を整理し、原因を究明するとともに、納税者に対しては余計な言い訳をせず、まずミスについて素直に謝罪する。更に、ミスを起こした原因等をわかり易く説明する。言い逃れしようとすることによって、問題を大きくすることが多い。常日頃から、起こしたことに対する責任は取るという生活態度が大事である。もちろん、組織の中ではミスをうやむやにすることなく、再発防止策を検討し、その結果を職員に周知徹底することが大切である。

(6) 暴力行為等は許さない

暴力行為は（言葉も含めて）絶対に許すべきではない。ほとんどの場合が、納税の義務を果たさず、一方的で身勝手な行動である。正当な理由があっても許されない暴力行為を、安易に職員を犠牲にして見逃してしまうから、再発もするのである。

暴力に対しては、組織として、応対係、通報係等、対処方法を定めておく必要がある。警察とも連携を密にして、対応方法等の教示を受けておくことが望ましい。警察に依頼すれば、職員に対する研修も積極的に行ってもらえるし、「対応マニュアル」の配布も受けられ、参考になる。

適正かつ節度ある職務を遂行するためには、職員が安心して職務を執行できる組織のバックアップ体制や危機管理が是非とも必要である。

滞納の不経済学

滞納が増えている。滞納は、撲滅できないのか。それは、とても無理なことのようである。残念ながら、滞納整理は、不滅です!!

これは、一方では、大きな所から見て、世のため人のためにならないことがなくならないという大変無駄で不経済なことが永遠に続くということである。

滞納整理が無用のことで、しなくてはよいと言うことではない。滞納のない税の制度はできないものだろうかという切なる想いの裏のため息、独り言である。

滞納は大きな不経済である。本来、使わなくてよいお金や手間隙を費消することになる。その不経済振りを、三つのサイドから見てみたい。

一つは、滞納者のサイドからである。

まず、滞納をすると本来の税金に延滞金が付くことになっている。これが、かなり重いのである。原則として、納期限から一ヵ月間が年率四・一%、それ以降は、年率一四・六%の割合で延滞金がかかる。普通預金利子（年率〇・〇〇一%）の一四、六〇〇倍である。

一万円を一年間滞納すれば、延滞金は、端数切捨てで、一、三〇〇円になる。普通預金一万円の一年間の利子は、〇・一円だが、半年毎に切捨てで永久につかない。

次に、滞納をすれば、徴税吏員による督促や訪問さらには給与や預金や売掛などの財産調査が行われ、勤務先や銀行、取引先の信用を失う。むしろこちらのほうが、納めればその場限りの延滞金よりも、ボデーブローとして効き、負担が大きいかもしれない。

もちろん、家族や従業員に対する負い目にもなるし、信頼も揺らぐことになる。

さりとて、大の大人に向かって、損はお金だけではないですよとは、なかなか言い辛いことである。

二つ目は、関係者のサイドからである。

☆コラム☆

滞納が続き、財産調査や差押えとなれば、さらに迷惑がかかる範囲が広がる。

滞納整理では、滞納者の所在確認に始まり、財産調査など多くの人・機関の協力を得ることになる。親兄弟、家主、不動産仲介業者、勤務先、市区町村役場、登記所、銀行、取引先などあげれば切りがない。徴税吏員による質問、文書による照会と回答依頼に対するこうした方々の対応や回答、登記簿謄本、住民票など書類の交付、差押えの登記登録などに要する時間や経費は、相当なもので、滞納さえなければ、なくてすむ仕事である。

言葉を変えていうなれば、滞納は、結果として、なんら関係のない方々の時間や経費をただで奪う不経済な行為だと言うこともできる。滞納は、この世になくてもよい仕事を産み落とすのである。

腑に落ちない話だが、これらの方々には、徴税吏員が滞納者に代わって、申しわけありませんがと、お詫び半分で仕事を進めているのである。

こんな事情も知らないで、何で勤務先まで来るんだなどと言い掛かりをつける人がいるのには、ほとほと困ってしまう。

さりとて、大の大人に向かって、貴方が滞納するからですよとは、なかなか言い辛いことである。

三つ目は、徴収経費のサイドからである。

納期内に納付する人の経費は、課税に携わる人の人件費と納税通知書作成・送付などの事務経費と郵便料などである。

滞納となれば、滞納整理にあたる徴税吏員の人件費や督促・催告などに要する紙代、印刷代、滞納整理出張旅費、照会や差押え関係用紙、同印刷代、郵便料などが、加わるのである。

言うまでもなく、これらの経費は、納められた税金の中から支払われる。滞納がなければ、なくてもよい仕事、なくてもよい経費である。

景気が悪ければ、税収は減るが、滞納は増えて、徴収する経費は増える。つまり、税収は減るが、徴収する経費は増えるのである。泣きっ面に蜂ということになる。

滞納がなければ、賦課徴収経費は、半分程度で済む。

さりとて、大の国に向かって、滞納のない税制度を作りなさいとは、なかなか言い辛い。

しかし、これなくしては、小さな政府などとても覚束ないほど巨大な無駄の最たるものとして、是非、言わなければ、日頃、滞納者と悪戦苦闘している徴税吏員の立つ瀬がない。

第4章　文書の送達

賦課徴収事務における文書の送達は、大変重要な役割を果たしている。特に、納税通知書や督促状等は、文書が納税者に到達しなければ、法律行為が有効に成立しないことになる。

文書の送達は、「書類は郵便または交付送達により名宛人の住所、居所等に送達する」と規定されている。なお、送達すべき場所が明らかでない場合等は、送達に変えて公示送達によることができるとされている。

1　送達する文書

この規定により送達する文書は、賦課徴収または還付に関する文書である。賦課徴収に関する文書とは、納税通知書、更正（決定）通知書、督促状、差押書、差押調書の謄本、債権差押通知書等法令の規定によって通知し、または送達すべき文書をいうものである。還付に関する文書とは過誤納金等の還付、充当に関する文書である。

法令の規定に基づかず、法律上の効力を有しない任意の文書は、ここにいう賦課徴収または還付に関する文書には含まれない。

2　送達の相手方

送達すべき相手は、賦課徴収または還付に関する文書の送達を受けるべき個人または法人である。ただし、①納税管理人や相続人の代表者が定められている場合には、その者（滞納処分関係通知書を除く）、②未成年者、判断能力の不十分な成年者であっても本人に送達でき、親権者、補助人、保佐人及び後見人（法人）が明らかな場合には、法定代理人又は法定後見人（法人）等、③精算中の法人は、精算人に、法人が事実上解散状態にある場合は、その法人を代表する権限を有していた者に送達することに留意する。

3　通常の送達場所

文書は、その送達を受けるべき者の住所、居所、事務所・事業所に送達する。住所とは、生活の本拠、生活関係の中心となっている場所をいい、居所とは、住所といえるほど定住性は強くないが、相当程度、生活の中心となっている場所をいう。住所が不明な場合には、居所をもって住所とみなすこととされている。

なお、個人の場合には前記のすべての場所が送達の場所となる。法人の送達場所は、原則として、事務所・事業所である。

住所もあり居所もあるというように、送達場所が複数ある場合には、原則として、住所に送達する。事務所・事業所の場合には、送達する書類と最も緊密な関係にある場所（本社・本部等）に送達する実務的な取扱いがされている。

4　特別な場所への送達

在監者に対する文書の送達は、原則として、住所等に送達するが、在監者の住所等が不明か本人のために文書を受領する者がいない場合には、在監している刑務所等に送達することとしている。実務的には監獄の長に送達している。

徴税吏員が拘置所に文書を持参し、拘留中の納税者と面接し、看守を通じて文書を交付したところ、納税者がこれを閲覧したときは、送達は有効と認めた判決がある。

5　郵便による送達

郵便によって送達する場合、必ずしも書留、配達証明等の特殊郵便によることを必要とせず、普通郵便によることができる。

(1)　送達の推定

郵便によって文書を発送した場合には、その郵便物は通常到達すべき時に送達があったと推定される。「通常到達すべき時」とは、そのときの郵便事情と地理的事情を考慮して合理的に判断される時をいう。ただし、そうした推定をするためには、文書の名称、名宛人の氏名、宛先、発送年月日を確認できる記録を作成しておかなければならない。

具体的事例としては、督促状が普通郵便で発送された当時、郵便業務が正常に行われており、かつ、返戻された資料がない場合には、返戻されなかったというほかなく、他に反証がない限り、督促状の発送後数日以内に名宛人に到達したものと推認すべきであるとした判例がある。

(2) 郵便による送達の効力

送達した文書の効力発生の時期は、その文書が社会通念上送達を受けるべき者の支配下に入ったと認められる時、例えば、郵便による送達の場合には、郵便箱に投入された時である。文書は、いったん有効に送達されると、たとえ名宛人が開封しなくても、あるいは、その文書を返送したとしてもその効力に影響はない。

これらについては、多くの判例がある。

6 交付送達

実務的に文書を送達する場合に、本人に説明して送達したい、あるいは、繰上徴収の場合のように時間を争うような場合には、徴税吏員が直接送達すべき場所に赴《おもむ》き、相手方に文書を交付して行う送達方法が交付送達である。この方法には出会送達、補充送達及び差置送達の三種がある。

交付送達を行った場合には送達記録簿を作成しておく必要がある。送達を行う徴税吏員は、文書を受領した者に対し送達記録簿に署名・押印を求めなければならない。その者が文書の受領を拒否したり署名・押印を拒否した場合には、徴税吏員は送達記録簿にそのときの状況を記録しておかなければならない。

送達の効力の発生時期は、出会送達及び補充送達の場合には、送達を受ける者またはその使用人等に文書を交付した時、差置送達の場合には文書を差し置いた時である。

(1) 出会送達

文書は、原則として、住所、居所、事務所等に送達すべきであるが、それ以外の場所で相手方に出会った場合は、その者が受領拒否の意思表示をしない限り、その出会った場所で交付することができる。

(2) 補充送達

交付送達で、送達すべき場所で送達を受けるべき者に出会わない場合には、送達を受けるべきものの使用人その他の従業員または同居の者で相当のわきまえのある者に文書を交付することができる。ここにいう「使用人その他の従業員」とは、事務員、工員、その他雇用契約に基づいて従事している者をいい、送達すべき場所に居住していることを要しない。また、「同居の者」とは生計を一にしていることを要しないし、一時的同居の者でもよい。「相当のわきまえのある者」

とは、文書送達の意味を理解し、受け取った文書を送達を受けるべきものに引き渡すことを期待できる能力を有する者をいい、成年者であることを要しない。

未成年者に受領能力があるかどうかの判例では、かなり年齢の低い者（一四歳）でも相当のわきまえがあるとして、受領能力を認めている。会社の従業員、守衛、家族等が受領した場合にもほとんどの場合、適法な送達と認定されている。

(3) 差置送達

文書の送達を受けるべき者が送達を受ける場所にいない場合、またはこれらの者が正当な理由なくして文書の受領を拒んだ場合には、その文書を送達すべき場所に差し置くことができる。

内容が不服であること、納税者が不在であること、妻が税務に関与していないこと、本人から税務に関する文書は受け取らないように命令されていること等を理由に受領を拒否した場合は、ここにいう「正当な理由」には当たらない。正当な理由としては、名義が異なっている場合等がある。

次に、差し置くべき場所であるが、送達を受ける者の支配する地域内というのが一般的な解釈である。

事例

①本人との出会いが困難であった事例

滞納者に催告書を郵送しても何の反応もなく、時間を変えて電話しても全く応答がなかった。現地で調査したところ、住居はアパートで電気メーター、郵便受けの状況から考えて住んではいると判断された。アパートの住人から事情聴取したところ、時々夜中に帰って来るが、時間は一定していないとのことであった。大家に、家賃の支払いについて聞いたところ、一～二カ月遅れではあるが、支払われていた。勤務先はわからずじまいであったが、住んでいることは確認された。住民登録も同所でされていた。その後も全く反応が認められなかったため、差押中の電話加入権を公売することとし、公売予告通知書を配達証明で発送した。当然の結果ではあるが、郵便局にも受け取りに行かず文書は不到達であった。そこで、文書の送達方法を検討したところ、原則的には、普通郵便で有効との結論に達した。しかし、公売に関する文書であることを考慮して、もう少し丁寧に送達しようということで、次により行うこととした。

職員が二人で現地に行き、大家に立ち会ってもらう。封筒の表に公売通知書在中と表示し、大家に確認してもらう。この封筒を郵便受けに差置送達する場面を日時入りの写真に撮っておく。（直ちに現像しておく。）二〜三日後に郵便受けを確認する。（後日確認したところ、既に文書は見当たらなかった。）

予定どおり公売を執行したが、滞納者からは依然として反応はなかった。

この事例は、最終的に警察官立ち会いのもとに入室し、捜索する旨通知したところ、自主納付により完結した。こういう人達が何を考えているのか理解に苦しむところである。

②書類の交付を受けた内縁の妻が精神分裂病であるが相当のわきまえがあるとされた事例

判例では、「精神分裂病であるとしても常時精神が異状な状況にあるわけではなく、当時妻は退院していたもので、特段の介護者を付き添わせていた様子もなかったのであるから、病気は軽快状態であったと推認される。被告職員との対応に異常な点がなかったことを総合的に判断すれば、妻は書類の受領について相当のわきまえのあるものに当たるというべきである」と認定されている。

その他にいずれも有効と認定された差置送達には①玄関の戸の隙間から文書を差

し置いた事例、②高層アパートの集合郵便受けに文書を差し置いた事例、③事務所のカウンターに文書を差し置いた事例などがある。

7　公示送達

最近、色々な事情（多重債務等）から、住民登録地に住んでいない人達も多くいる。特に滞納者に限定すると、その比率は圧倒的に高くなる。可能な限りの調査をしても、所在が判明しないケースがかなりある。そうした人達にも納税通知書や督促状等を法的に有効に送達しなければならない。その方法が公示送達である。

公示送達とは、当事者の住所、居所その他文書を送達すべき場所が不明であること等により、文書の送達が不可能な場合に、所定の公示手続をとり、掲示開始日から起算して七日を経過したとき、文書の送達があったものとみなす制度をいう。

文書の送達が行政処分の効力成立の要件である場合に、文書が不到達であれば、その文書にかかる行政処分は効力を発しないことになる。そこで、このような場合に文書の特別な送達方法としての公示送達をすることにより、文書の送達が有効になされたとみなすものである。公示送達は、相手方の住所、居所、事務所・事業所が明らかでない場合と、送達につき困難な事情があると認められる場合に限りできるものである。

「送達すべき場所が明らかでない場合」とは、文書の送達を受ける者が、現地調査、住民登録調査、関係者調査等通常その所在を確認するに必要と認められる調査をしてもなお、その所在が不明な場合に限られる。したがって、これらの調査をすれば、所在が判明したにもかかわらず、単に郵便が返戻されただけで、調査もせず公示送達しても、公示送達の効力は生じない。

「送達につき困難な事情ある場合」とは、外国またはその他の地域で動乱または天災等があって文書の送達ができない場合、法令の規定に基づき、外国に郵便物の送達ができないこと等の理由がある場合をいい、こうした困難な事情がなければ公示送達することはできない。

(1) 公示送達の方法

公示送達は、送達すべき文書の名称、送達を受けるべき者の氏名及びいつでもその文書の送達を受けるべき者に交付する旨を掲示することによって行う。

公告の場所は、地方団体が条例等により設置することとされている掲示場である。この掲示は、公示送達の効力が発生するまで継続して行う。掲示期間内に掲示文書が毀損したり、はがれた場合には速やかに再掲示しなければならない。この場合においても、掲示すべき期間は通常当初の掲示を始めた日から計算する。公示送達の効力の発生後も、その文書に関係のある地方団体の徴収金が完納等により消滅するまでまたは不服申立てもしくは訴訟が継続している場合にその事案が終了するまでは、保管しておく必要がある。

(2) 公示送達の効力

公示送達の効力は、掲示を始めた日から起算して七日を経過した日、すなわち、掲示を始めた日を第一日目として八日目に送達されたものとみなされる。この場合、八日目がいわゆる休日であっても延長されない。

(3) 期限のある文書の公示送達

納税通知書のように、送達期限の指定がある文書は、その期限前に送達することが必要で、送達の効力発生前の日を納期限等に指定した文書は無効になる。

例えば、納期限前一〇日前までに納税者に交付しなければならないとされている納税通知書は、納期限前一〇日前までに送達の効力を発生させることを要する。

つまり、納税通知書を一〇月一日に公示したときは、一〇月八日に送達の効力が発生するので、納税通知書に記載すべき納期限は一〇月一八日以降となる。

督促状を公示送達した場合には、公示を始めた日に督促状を発したと考えるべきであるから、公示を始めた日を含めて一一日目の日までに完納されないとき、すなわち、公示を始めた日から数えて一二日目から差押えが執行できることになる。

判例

①公示送達が適法に行われたと認められた事例（昭和五三年大阪高裁）

A税務署長は、文書が転居先不明で返送されたため、直ちに、送付先を把握するため、相手方（被告）の住居、隣家、更には付近の商店、市役所、警察署、取引銀行、学校で調査したが、これらのところに転居先を明らかにしないままにいずこかへ立ち去ったことが明らかになった。転居届等の手続きもされなかったため、A税務署長は公示手続きをとった。

被告は、転居先を知人等に告げておいたと述べているが、総合的に判断して信用することができない。A税務署長がした公示送達の調査は相当の調査を尽くしたというべきものであり、A税務署長に過失の存在をうかがわせるような事情も認められないから、公示送達は、掲示を始めた日から起算して七日を経過した日に送達があったものと認められる。

②二カ月後に再調査せずにした公示送達が違法でないとされた事例（昭和五三年福岡地裁）

H税務署長が、課税文書の公示送達をするに当たり実施した調査は、周到かつ徹底したものであり、かつ、その調査から本件督促状の発送まで期間が比較的短く、その間、課税庁の側において事情の変更を察知する端緒となる格別の事情もうかがわれない。被告は、各公務所から本人宛てに郵便が届いていたと主張しているが、公示送達は法律の定める一定の要件が具備されていれば有効になしうるものであって、被告主張のような事実があるからと言って、直ちに本件公示送達の効力に影響を及ぼすものではない。被告は状況から判断して、公務所が同人の所在を調査していたことを承知していたと判断されるのであるから、同人のほうから連絡を取るのが納税義務者としての信義にかない、かつ自己の正当な利益の保護に資するというべきである。

第5章　期間の計算及び期限の特例について

「徴税吏員は、納期限後二〇日以内に督促状を発しなければならない」とか「督促状を発した日から起算して一〇日を経過した日までに徴収金を完納しないときには、滞納者の財産を差し押さえなければならない」あるいは「徴収金の徴収を目的とする権利は、法定納期限の翌日から起算して五年間行使しないことによって、時効により消滅する」というように、滞納整理に関係する期間や期限は、日・月・年といった単位で定められている。そこで問題になるのが、期間や期限の始期や終期である。このことについては、地方税法の総則で規定されているが、原則的には、民法の一三九条から一四一条まで及び一四三条の規定に準ずることになっている。

1　期間の計算

(1)　期間とは

期間とは、ある時点から他のある時点までの継続した時の時間的間隔をいう。

「期間の計算」の「期間」とは、督促状では「納期限後二〇日以内」あるいは、消滅時効では「法定納期限の翌日から起算して五年間」というように、日や年で定めている期間をいう。したがって、期間の計算をあらためて行う必要のないもの、すなわち、一月一日から一月三一日までというように確定日から確定日までが期間として定められている場合には、ここにいう期間計算の対象外となる。

(2) 期間の起算点

日、週、月または年をもって期間を定めた場合には、初日は算入しない。ただし、その期間が午前零時から始まるときは、初日を算入する。この規定は、期間の起算点の原則を定めたものである。したがって、地方税法等で他の計算方法を定めている場合には、その計算方法によることとなる。

たとえば、公示送達で文書は、「掲示を始めた日から起算して七日を経過した日に送達されたものとみなされる」との規定があるが、この場合は、掲示を始めた日を第一日目として計算する。

(3) 期間の満了点

期間の満了点は、期間が月や年で定められているときは、暦に従って計算する。

日に換算せずに、暦により応当する日を決めて計算することになる。

月または年の初めから期間を計算するときは、応当の月または年の末日の終了時（午後一二時）に期間が満了する。期間の起算日が月または年の途中であるときは、期間は、最後の月または年の起算日に応当する日の前日の終了時に満了する。ただし、最後の月に応当する日がないときは、最後の月の末日の終了時が満了となる。

たとえば、法人市民税の申告期限は、「事業年度終了の日から二カ月以内」と規定している。起算日は、事業年度終了の日の翌日になるので、事業年度終了の日が三月三一日であれば、四月一日が起算日で、その二カ月後の五月三一日が期間の満了日となる。事業年度終了の日が四月一五日であれば、起算日は四月一六日であり、それから二カ月後の六月一五日が期間の満了日となる。

また、納税通知書の送付期限は「納期限前一〇日前までに納税者に交付しなければならない」としているように、ある時点から過去のある時点までさかのぼって期限が設定されることがある。

この場合には、納期限の前日を起算日としてさかのぼって一〇日目の日が期限となる。たとえば、納期限が二〇日であれば一〇日中に納税通知書を納税者に交付しなければならない。なお、期限の日の何時が期限かというと、期限の日の午前零時が期限となる。

2　期限の特例

「期限」とは、一定の継続する時間的間隔を示す際に指示する始期または終期のことで、法律行為の効力を発生させたり消滅させる事由としてはたらく。期限は将来必ず到来する。到来する時期が確定していれば確定期限であり、不確実であれば不確定期限になる。

督促状の場合の期限は、督促にかかる徴収金の納付期限（終期）であると同時に、差押え等の滞納処分が容認される条件としての期限（始期）でもある。

税法や条例によって定められた期限が日曜日、国民の祝日、国民の祝日が日曜日に当たるときの翌日の休日等、土曜日、一二月二九日から一二月三一日まで、一月二日及び一月三日は、これらの日の翌日が期限とみなされる。

休日が連続するときは、最後の休日の翌日が期限になる。なお、納税通知書の交付期限のように前にさかのぼる期間の計算の場合、その期限の日が休日等であるときは、もう一日さかのぼった日を期限として取り扱うべきものと考えられる。

期限の特例は、すべての期限について認められるものではない。原則的には、納税者がその日までに一定の行為を行うことを税法や条例で直接的に定められている期限、またはそれが期待されている期間及びその日までに一定の行為を行うことを猶予している期限に限って認められる。したがって、①単に計算の基準となっている期間の末日、②課税内容を定める際に基準となる期間の末日及び③行政処分により定められた期限は、期限の特例は適用されない。

3　その他

税法及び条例に定める以外の期間計算は、特別の定めがない限り、行政法の一般的な期間計算の方法を用いることになる。

特殊な期日として、「経過する日」と「経過した日」がある。

「経過する日」とは期間の満了の日で、「経過した日」とは期間満了の日の翌日をいう。

☆コラム☆

利己主義と公平

滞納整理をしていると、納めたくないが故に数々の言い訳や、苦情、言い掛かりを聞かされる。

行政への不平・不満は、役人が多すぎる、暇だ、遊んでいる、不祥事が起こればたるんでる、無駄遣いが多いなどなど、数え上げれば切りがない。

まじめに勤めている徴税吏員は、一生懸命、滞納整理に汗を流していて、これらのことには全く縁というか関係がないのである。関係がないだけに、答え辛いことこの上もないのである。それがまた、知らないだの分かっていないだのとネジを巻かれて、肝心の納税折衝には、なかなか入れない。

滞納整理は、胃が痛む仕事である。

いろいろ聞かされるが、そうは言っても、貴方の納税の義務にはなんら関係ありませんよとは、火に油を注ぐようで、口に出しては言いにくい。心の中で、自発的に納められないのですね、と思って、なんとも複雑な思いを顔にちょっと浮かべて、話が尽きるのを待つしかない。

滞納整理は、我慢と忍耐がいる仕事である。

税は、不公平であるとの主張もよくある。一〇割もあれば、九割、六割、四割もあり、0もある。これは、何とかしなければならないと思うが、その方法論はとなると難しい。

一〇〇パーセント公平ということは、むしろ、不可能といったほうが正しいのかもしれない。うん、なるほどという意見もあるのである。

滞納整理は、聞く耳がいる仕事である。

何の、音沙汰もない滞納者もいる。臨戸してもいない、電話も出ない。住民票も単身、天蓋孤独、確定申告もない。勤務先も不明、所有不動産もない。普通預金の残高が一〇円単位、最近の取引実績なしということもある。労多くして、得るところなしである。

滞納整理は、根気のいる仕事である。

寝耳に水の倒産情報に、徴税吏員は臨戸、市町村役場や法務局、税務署等の公官庁調査、銀行や取引先調査と飛んで回る。

滞納整理は、先を競い、フットワークのいる仕事である。

その合間に、関係法規などの勉強もしなければ、取れる税も取れないとなると、滞納整理は、もう、総合職である。

滞納者の納めたくないが故の、いろいろな利己主義と事情があって、その挙句の果てに作られた公平という難しい概念の実現に悪戦苦闘する徴税吏員よ、挫けずに頑張れ。

第6章　具体的な滞納整理の進め方

滞納整理を具体的にどのように進めていくか、また、どんな点に注意しながら実施すべきかといったことをご説明したい。

よく言われているように滞納整理に王道はない。千差万別の事例について、その事例に応じた解決策が必要であり、単純にマニュアル化できないことも確かである。しかしながら、ほとんどの滞納整理が一定の手順の中で進められていることも、事実である。この一般的な手順に私の個人的な考えを加え、体験した事例をご紹介しながら話を進めて行きたい。

滞納整理で大事なことは、滞納累積分をどのように整理するかということと新規発生分の早期圧縮である。

したがって、まず、滞納事案を、滞納累積分と全くの新規発生分に区分する。

1　滞納累積分の滞納整理

滞納累積分は、高額と、特殊な事案について、それぞれ別途処理をすることになる。高額事案は、件数は少なくても税額の構成率が非常に高いので、この処理の成否が収納率を大きく左右する。重点的かつ速やかに処理すべきである。また、高額、特殊な滞納事案は担当者任せにすることなく、管理監督者が直接進行管理をし、ベテランの徴税吏員を充てたり専従のチームで対応する等組織の問題として捕らえることが解決の早道である。特殊な事案で滞納者が暴力的な場合では、早期に警察と相談し対応策を検討することが重要である。くれぐれも、事件が起きてから相談するといった安易な考えはしないでほしい。職員を被害者にしてはならない。また、不幸にも暴力事件が起きてしまったら、告訴するなど毅然とした対応をしないと再発する確率が高いことを心すべきである。

その他の累積分は、未処分であれば、徹底的な財産調査のうえ、早期に差押え等の滞納処分を実施し、債権確保と時効の中断に努めるべきである。処分済みであれば、債権確保の不十分なものに対する参加差押え、交付要求、増担保等の追加処分や公売処分を促進しなければならない。処分せず放置してしまって、配当が受けられなかったというようなことがあってはならない。私の経験でも、あの時に差押えしていれば、参加差押えしていれば、交付要求していれば解決できたのに……といったことは、枚挙に暇《いとま》がないほどである。

なお、滞納累積分の整理はある時点で、徴収するものと、債権放棄するものの交通整理を勇気を持って行うことである。

2　新規発生分の滞納整理

徴収事務も行政の一環であり、納税者の理解と協力を得て事務を執行するのを原則とすることは当然である。

新規発生分の滞納整理は、早期着手がポイントと言われる。この理由には、滞納者の財産は、時が経てば散逸することや、処分先着手の規定があること、滞納者の心理状況等があげられる。現年分は、滞納整理しないという地方団体があるが、そんな甘い対応で、早期に新規発生分を圧縮する効率よい滞納整理ができるとは私にはとても考えられない。

これから述べる催告の方法等により、できる限り自発的な納付を促し、滞納件数の圧縮に努めるべきである。

滞納が発生すると、納期限から二〇日以内に督促状を発するが、「督促状を発した日から起算して一〇日を経過した日までに徴収金を完納しないときは、滞納者の財産を差し押さえなければならない」と規定されている。しかしながら、倒産等の特別な事情がない限り、一〇日経過日後直ちに差押えを執行することはない。

多くは、原則どおり納税者に自主的に納付させるための文書催告、電話催告、面接（来所、現地）といった新規発生分の滞納件数を圧縮する努力がここから始まる。

(1) 文書催告

まず、文書での催告について、基本的なことを述べたい。

催告書作成上の留意点としては、見出しは、相手がその文書を読むかどうかを決定してしまうので、特に工夫すること。注意、関心を引くような言葉を使うとよい。納付場所はわかりやすく説明する。なお、文書は後まで残るのでそのことを考えた上で作成する等の配慮が必要である。

催告文書の内容は税目、税額等必要事項を正確に記載するとともに、既に納期限から一カ月以上経過していること、納付できない特別の事情があれば申し出てほしいということは、是非記載していただきたい。文書は、可能な限り専門用語を避けて簡単明瞭な内容にしたい。

催告書の発送に当たっては、くれぐれも、督促後に分納相談を受けておきながら、催告書を発するなどということのないようにしていただきたい。当然のことながら、収入の消し込み漏れによる催告は、論外である。

このような案件を引き抜き、文書催告すべき滞納事案が選定できたら、早期に催告すべきである。督促後、間を置かずに催告することにより、滞納者に対して、より強いインパクトを与えることができることと、その後の早期処理を可能にするからである。なお、催告はその発送件数などを考慮して、催告書発送―電話催告や面接の実施―差押予告通知書発送の順で行うのも一つの方法である。

事例　文書催告の実戦

催告時に納付書を同封すると効果がある。特別な方法としては、催告書に首長名の納付依頼文書を同封することがある。この文書は、国保の役割、危機的財政状況、財政破綻した場合の不利益等を説明し、住民に協力を依頼するものである。できれば、字体も効果的なものを使用し、首長が自署・押印したものをコピーしたい。こうした特殊な方法は、ここぞというときに実施することによって効果が上がるものであって、年中行っては、効果は半減する。

最近は個人の秘密保持が、強く要求されているので、文書催告は、封筒やシール式の葉書を用いることが適当である。

(2) 電話催告

次に、電話での催告について述べたい。電話は、ほとんどの家庭や事業所にあるので、効率的な催告が可能であり、大量な事務を処理する場合の主たる方法である。電話を掛ける場合には、まず、相手方と納付状況の確認をしてから納付折衝に入るべきである。くれぐれも、他人と納付折衝することのないようにしたい。相手の顔が見えない分、余計に細かい配慮が必要である。電話する場合には、事前に用件をメモしておくと、言い間違いや、言い忘れがない。また、電話で話した概要は、メモしておいて、相手にも確認しておくと、その後の行き違いが避けられる。

本人が留守で、家族が電話に出た場合には、よく相手を確認し、人並みにわきまえがあると思われても、なるべく子供には、細かい話はしないほうが実務的には適当である。親は、子供に滞納の事実を知られたくないからである。

電話催告は、文書催告より効果的である。電話での催告が滞納者にされると、滞納者は文書よりも身近に滞納処分の時期がきていることを感じ取るからである。

文書催告した後、二日〜三日して電話催告すれば、更に効果的である。（文書と電話の併用）

なお、電話や携帯電話には、伝言機能が付加された機種もあり、積極的に活用したい。

事例

①電話番号の把握

電話催告する場合のポイントは、いかに電話番号を把握するかである。電話番号簿、住宅地図の電話番号帳から調べるのが一般的である。その他に確定申告書、過去の滞納整理経過票、電話番号案内、家族、大家等関係者及び近隣住民からの聞き取りにより、番号を把握している。この場合の近隣住民への聞き取りは、ほとんどが任意調査で、国税徴収法一四一条の質問検査権の行使ではない。（近隣住民というだけでは、質問検査の対象者ではない。）所在を聞く等の一般的調査は、相手方の協力さえあれば実施できるのは申すまでもないことである。

②電話催告の実戦

次に、電話催告する時の留意点であるが、これはよく言われるように「5W1H」を常に意識することが必要である。つまり、いつ、だれが、どこで、なにを、なぜ、どのように、といったことを整理してから電話をかけることで、大量の催告を効率的にかつ正確に行うと同時に、納税者に対しても簡潔に用件を伝えることができるからである。催告内容は、その概略を記録しておくべきであり、そのためにもメモ帳を電話機の側に準備しておく。実際に納税者と話すときに注意すべきことは、それだけで一冊の本ができるほどあるが、以下にその主なものをあげる。

(ア)　滞納整理票（滞納の内容、整理経過が記載されたもの）は、あらかじめ手元に置いておく。

滞納者との交渉中に、何税がいくら残っているかと聞かれて、「少々お待ちください」では、そんなことも即座に答えられないのかと信用を失う。信頼感がないと、その後の折衝はいらぬ困難を強いられることになる。

(イ) 慎重に話をしなければならない内容のときは、話すべき内容、順序を整理しておく。

慎重になりすぎて、何を言いたいのかさっぱり要領を得ない話、余計な話ばかりして、肝心な用件を言い忘れるようなことがないようにしたい。

(ウ) 所属、氏名を名乗り、相手を確認してから用件を話す。

電話が通じたら自分の所属、氏名を名乗り、相手を確認する。次に「常日頃お世話になっている」等の儀礼的な挨拶をして、「少々お時間いただけますか」というように相手の都合を聞いてから用件に入るようにする。相手の都合が悪いときには都合の良いときを聞いて、そのときに連絡するようにする。ただし、悪質な滞納者で何時電話しても「今忙しい、後にしてくれ」と折衝を拒絶する相手に対しては、「今お話ししてもよろしいでしょうか」とは聞かない。「貴方の都合の良い日、時間を貴方から連絡してください、連絡がなければ滞納処分するようになります」と相手を追い詰めないとこのようなケースは進展しない。

（エ）訪問、来所等日時を約束するときには、日にちだけでなく曜日まで確認する。日にちだけで約束すると、休日だったり、勘違いで約束してしまったりすることがある。曜日を確認することによりそうした誤りを少なくすることができる。

（オ）近いうちに、そのうちにといったあやふやな約束はしない。近いうちにといっても、滞納者は、自分有利で我々が考えるよりもずっと長いスパンで考えるので、行き違いが生じることになる。折衝ではすべて同じことが言える。

（カ）折衝での大事な部分はメモを取り、最後に復唱し滞納者に確認する。来所日時、納付金額、分納回数等約束したことは、最後に必ず復唱して滞納者に確認するようにする。滞納者は、自分の有利なように物事を考えがちなので、確認しておかないと後日イザコザの原因になる。

（キ）夜、電話するときは「夜分おそれいります」等の挨拶をすること。滞納者は、言葉尻を捕らえたり、言い掛かりをつけたがる。そうしたイザコザを少しでも少なくするための配慮をしたい。

（ク）明るい声で、明瞭に話す。

話の内容は明らかに暗い話なので、声くらいはできる限り明るく明瞭に話したい。生まれつき根暗だから等とあきらめずに努力していただきたい。たとえ相手が目の前にいなくても、できるだけ良い姿勢をとることが大事である。応対中にタバコを吸ったり、お茶を飲んだりするのは論外である。電話の場合、相手には見えないからと油断することが、トラブルを起こす原因になることが多いので注意したい。

(ケ) タメ口をきかない。

相づちを打つときに意外と気づかずに「うんうん」とか「おう」などと言っているものである。聞いているほうには、非常に横柄に聞こえるので、注意したい。以上取り上げたこと以外にも数えれば切りがない。しかし、その多くは一般的常識の範囲内と言ってもよい。常識的な対応をすればほとんど問題はないだろう。

(3) 面接による折衝等

現地で直接、折衝する場合、いくつか留意しなければならないことがある。相手が女性の場合には、絶対一人では室内に上がらないとか、夜間の折衝には二人以上で行くといった注意が必要である。

最近は、共働きの家庭が多いために、昼間は不在が四〇％程度あり、なかなか会えないのが実態である。それだけに会えたときには、非常に効果的である。家まで来られたという精神的なプレッシャーから納付につながることが多い。

また、家庭を見ることによって生活状況がわかり、支払い能力を判断することもできるし、その後の滞納整理に必要な情報収集も可能である。このようなことから、面接による折衝は、滞納整理を促進する上で不可欠であり、積極的に展開すべきである。

留守の場合には、電気のメーター、郵便受け・庭の状況、ドアのノブの埃の状況等から単にその日だけ不在なのか、長期に不在なのか判断する。近隣住民等からも情報収集することは当然である。

3　分納についての基本的な考え方

納税折衝の際に必ず出るのが、分納の話である。失職、病気、廃業など理由は様々である。

そうしたときに、分納額をいくらにするのか、いつまでに納付させるべきかということを突き詰めて考えられたことがおありだろうか。

滞納者の言いなりの安易な滞納整理と、分納を認めるに際して一定の方針を持った滞納整理では、徴収実績が大きく異なることを認識すべきである。

(1) 分納の期間

単なる口約束での分納期間を、どのような考え方で決定するかということは、ケースバイケースで考えざるを得ない。

口約束での分納期間を取り決める手掛かりの一つとして、納付受託する際の手形の決済期限がある。手形は、おおむね六カ月以内に決済されることが確実な場合、受託できることになっている。

もう一つの手掛かりは、地方団体の単年度決算制度である。単年度決算制度は、地方団体の当該年度の財政支出は、当該年度間の収入で賄うという制度である。こうしたことから、私は、分納期間は、原則として、年度内かつ最大で六カ月以内を目安として決定すべきものと考える。

一般の徴収猶予や換価猶予のように、法定の猶予期間においてさえも、当初、最大一年間の納税の猶予しか認められていないことも忘れてはならない。

滞納者からなされた分納申し出の期間が、三カ月以内の場合、商取引における手形の支払サイトを勘案し、私の経験上、特別の場合を除き、認めても差し支えないと考えている。

(2) 納付能力の確認

三カ月以上の長期分納の申し出であれば、その理由、納付能力等について調査することになる。特に、分納額は、慎重に調査して決定しなければならない。

この調査は、まず、滞納者から事情を聴取することにより行う。通常、収入・支出の状況、扶養家族数などについて説明を受ける。滞納者の申し出に十分信憑《しんぴょう》性《せい》があれば、その申立てを参考にして分納額を決定する。確信が得られない場合や滞納金額が高額な場合は、給与明細、源泉徴収票、確定申告書、契約書及び登記簿謄本など裏付けとなる資料の提出を求めたり、課税資料の調査を行って、その結果に基づき判断する。

この場合、必要に応じて、質問検査権を行使し、債権者、取引先、取引金融機関等に対して、裏付調査を行う。

次に、分納額の決定に当たり考慮しなければならないことは、住宅ローンなど民事債務との関係である。

納税の義務は、憲法で規定されているように、国民が共同生活をするために最優先で守るべき義務である。地方税法には税の優先徴収権が規定され、徴税吏員には自力執行権が与えられている。

税は、原則として、優先して徴収すべきであることを再確認しておきたい。

事例　分納を認める場合の実戦

分納を認める場合、分納の申し出があった時点で、納付可能な額は、即刻納付させることはもとより、三カ月後あるいは六カ月後の一括納付は、滞納者から差押えの容認や担保の提供がない限り、つまり、法律上の猶予制度に該当しない限り、極力避けたい。

分納期間に応じた分納額や分納回数を設定し、その都度、分納の履行状況や納付能力等の状況の把握に努め、確実に完納に導くことが大切である。

中には、何とか分納の約束にこぎつけ、税の支払いを先延ばしすること、つまりその場しのぎが目的の滞納者もいない訳ではない。特に、分納の額は、各回数ごとの決まった額で決める必要はない。サラリーマンであれば、ボーナス月もあるわけだから。

口約束のみで、再三の分納の不履行にも毅然とした滞納処分を行わず、際限なく分納させたり、「いくらでもいいから、納めてください」などとの発言はもってのほかで、徴税吏員の名に恥じる最たるものである。

第7章　督促状と滞納処分について

1　督促状

国民健康保険税の督促については、「納税者が納期限までに国民健康保険税を完納しない場合には、納期後二〇日以内に督促状を発しなければならない」と規定している。

国民健康保険料は、「納期限までに納付しない者があるときは、期限を指定して督促しなければならない」と規定している。

督促状は、このように納期後二〇日以内に発するものとされているが、特別の事情がある地方団体では、条例でこれと異なる期間を定めることができる。この規定は、訓示規定であり期間を経過して発した督促状も法的に有効である。

督促の効力は、督促状が滞納者に到達した時にその効力が生じる。督促は、履行の催告と徴収権の消滅時効中断の効力を有する。時効は、督促状を発した日から起算して一〇日を経過した日の翌日から再び進行する。

督促状は要式行為であるため、定められた方式を満足させるためのものでなければならない。したがって、口頭その他の方法をもって行われた督促は効力を有しない。次に、督促の制限に触れておく。滞納者が災害・事業の休止・その他の理由により徴収金を一度に納付することができない場合、納税者に時間的余裕を与えるのが徴収の猶予であり、猶予中は督促をすることができない。

2　滞納処分の開始時期

国民健康保険税の滞納処分については、「滞納者が督促を受け、その督促状を発した日から起算して一〇日を経過した日までに完納しないときは、滞納者の財産を差押えしなければならない」と規定している。

また、国民健康保険料の滞納処分については、「地方税の滞納処分の例により処分することができる」と規定している。

したがって、税、料ともに滞納者が督促を受け、その督促状を発した日から起算して一〇日を経過した日までに完納しないときは、滞納者の財産を差し押さえることになる。つまり、督促状を発した日から起算して一二日目（中一〇日）から差押え（滞納処分）が可能になる。

しかし、これには例外の規定が二つある。一つは繰上徴収である。繰上徴収とは、納税者の財産につき滞納処分、強制執行、担保権の実行としての競売、破産手続き等が開始されたときは、既に納付義務が確定した徴収金でその納期限においてその全額を徴収することができないと認められるものに限り、その納期限前においても繰上徴収することができる。繰上徴収の場合における「既に納付義務が確定した徴収金」とは、既に告知をした徴収金である。

二つ目の例外が繰上差押えである。この場合には既に督促状が発布されており、その間に繰上徴収に該当するような事実が生じ、一〇日経過日まで待っていては、その督促を受けた滞納者の未納徴収金を徴収することができない場合に、直ちに財産を差し押さえることができる。

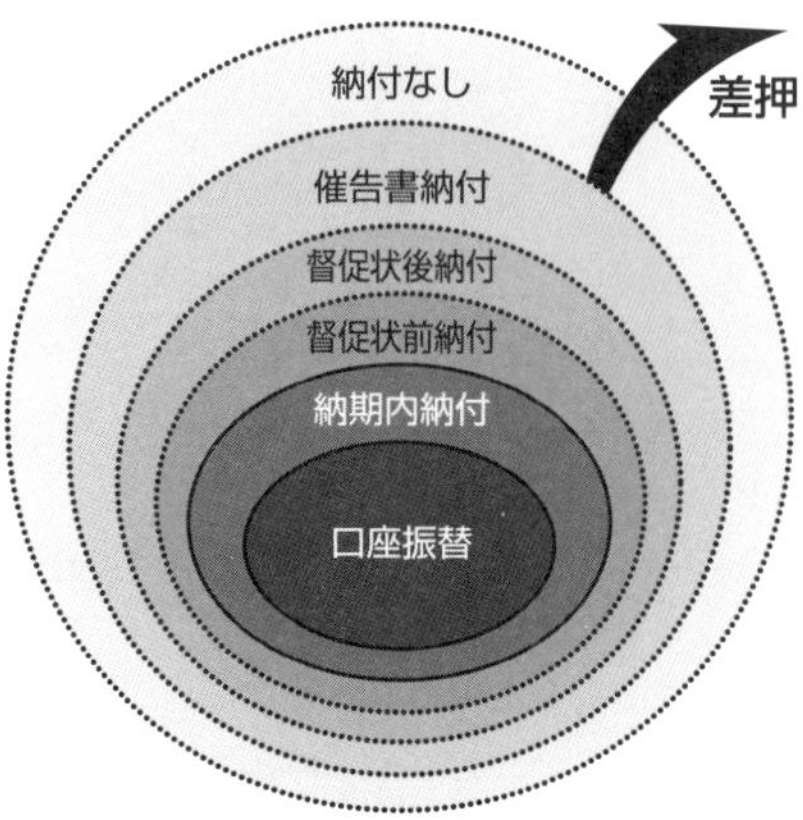

3　督促状と滞納整理

法的には、督促状を発した日から起算して一〇日を経過した日までに完納されないときには差し押さえなければならないことになっている。しかし、実際には、繰上徴収等の事情が発生しない限り、一〇日経過日後直ちに差し押さえることはないだろう。

完納されない場合、一般的にはその後催告書を発し、それでも完納されない場合に本人に面接したり、電話催告を行ったりする。更に納付されないと、最終通告として期限を切った差押予告書を発する等の方法がとられている。このような方法により自主的納付を促すと同時に、未納件数の圧縮に努め、差押え等の滞納処分へと移行するのが滞納整理事務の流れである。

第8章　滞納処分

民事での債権者は、その債権を強制的に回収するためには裁判所に申立てをし、執行裁判所や執行官が差押えを行うことになる。ところが、国税徴収法に準じて徴収を行う地方税や国保税（料）には、一般的優先権として徴税吏員の一人一人に自力執行権が与えられていることは、既に述べたところである。滞納処分の真髄《しんずい》は、この自力執行権の積極的かつ果敢な行使にある。この章では差押えの意義、要件等について述べてみたい。

1　差押えの意義

差押えとは、租税債務が期限までに納付されず、督促状が発せられたが、その日から一〇日経過した日までに完納されなかった場合に、租税債権者が滞納者の財産の処分権限を制限するために行う強制処分をいう。

差押えは、滞納者の意思にかかわらず執行する強制処分で、その目的は、一時的には担保の確保であり、最終的には換価による租税債権の実現である。

2 差押えの要件

次のそれぞれの要件を満たしているときは、滞納者の財産を差し押さえなければならない。

(1) 督促状を発した日から起算して一〇日を経過した日までに、その徴収金を完納しないとき。

(2) 督促状を公示した日から起算して一〇日を経過した日までに、その徴収金を完納しないとき。

(3) 繰上徴収に係る指定期限までに、その徴収金を完納しないとき。

(4) 繰上差押えの規定に該当したとき。

3 差押えの一般的効力

(1) 処分禁止の効力

差押えは、滞納者の特定財産の法律上または事実上の処分を禁止する効力を有する。したがって、差押え後における権利の移転・設定は、差押債権者に対抗することができない。しかし、禁止されるのは不利益処分であるから、賃貸借契約解除等は認められる。

(2) 時効中断の効力

差押えにかかる未納徴収金の時効は、差押えの効力が生じた時に中断する。

(3) 従物に対する効力

主物を差し押さえたときは、その効力は従物に及ぶ。たとえば、母屋を差し押さえた場合、その効力は物置に及ぶ。

(4) 果実に対する効力

元物を差し押さえたときは、その差押えの効力は、原則として、天然果実に及ぶが、法定果実には及ばない。

天然果実とは、乳牛からとれる牛乳のように、ある物から自然に産出する物をいう。また、法定果実とは、家賃のようにある物を使用させ、その対価として受けとる金銭、預貯金の利子等をいう。したがって、家賃や利子等は、元物とは別に差し押さえることになる。

(5)　保険に付されている財産に対する効力

差押財産が、損害保険に付され、または火災共済等の目的となっているときは、その差押えの効力は、保険金または共済金の支払いを受ける権利に及ぶ。ただし、財産を差し押さえたときに保険者等に通知することを要する。

(6)　継続的収入に対する効力

給料等これらに類する継続的収入に対する差押えの効力は、徴収すべき滞納額を限度として、差押え後の収入に及ぶ。

(7)　相続等があった場合の効力

滞納者の財産について、滞納処分をした後に、滞納者が死亡した場合その滞納処分は続行することができる。また、滞納者の死亡を知らないでした処分は、財産を有する相続人に対してなされたものとみなされる。

(8)　延滞金軽減の効力

滞納金額に見合う財産の差押えをした場合に、その差押えに係る滞納額を計算の基礎とする延滞金につき、その差押えがされている期間のうち、年一四・六%で計算される部分の二分の一に相当する金額を免除することができる。

4　差押えの対象財産

差押えの対象となる財産の条件は、次の五つである。

(1)　差押えすべき財産が滞納者の所有するものであること。

(2)　差押えすべき財産が法律の施行地内に所在すること。

財産所在地の判定は、その財産により異なるが、おおむね①動産、不動産に付随する権利については、その動産、不動産の所在地、②債権については、債権者の所在地、③有価証券については、その証券の所在地とされている。

(3)　財産が金銭的価値を有すること。

音楽を演奏する、同じ商売をしないといった契約内容は、差押えの対象にならない。

(4)　財産が譲渡性を有すること。

差押財産は、預金のように取立てできるものを除き、これを公売することになっているので、譲渡性のない財産は差押えできない。たとえば、滞納者に一身専属的に帰属する相続権などの権利は、譲渡することができず、差し押さえることができない。

なお、差押対象財産で譲渡禁止の特約があり、債権者が譲渡できない場合でも、対象となる財産が債権であるときは、差押債権は公売するのではなく、取立てするのであり、かつ、差押えができないとすると任意に滞納処分を免れることができることになるので、滞納者に帰属すると認められる限り、差し押さえることができる。

(5)　差押禁止財産でないこと。

差押禁止財産については、国税徴収法第七五条参照のこと。

事例

①差押えを解除しろとの執拗な要求に対する対応

高額な不動産あるいは預金・給与を差し押さえたときなどに、かなり執拗に解除を要求されることがある。本人はもとより、有力者、関係者から解除の要求がされる。要求の理由としては、資金繰りが困難になる、営業を継続することが困難になる、信用がなくなる、取引が停止される、手形が決済できない、近いうちに支払うから等、千差万別である。

こうしたときに大事なのは、差押時の判断である。差押時には、支払い能力があるにもかかわらず、自主的に納付しないので強制的に取立てをするか、債権を確保するために必要があると判断して差押えをしているはずである。また、差押えをすれば反発があることも予測しているはずである。こうしたことを前提として考えれば、結論は明らかである。差押えを解除するためには、原則として、納付するか、担保の提供や他の財産への差押換えの申立てが必要になる。こうした条件が満足されないのに解除するぐらいなら、当初から差押えなどしないことである。

②不動産を売却して納付するので、差押えを解除してほしいとの要求に対する対応

差押えされていると任意売却できない。売却したら必ず納付するから等と主張し、解除を要求する場合である。ほとんどの不動産の場合には、優先抵当権がついている。差押えが付いているから売却できないということはない。滞納税額を支払えば、差押えが解除になるぐらいのことは、不動産取引にかかわる者なら誰でも承知している。差押えが不都合ならば、抵当権を設定しておけばよい。しかし、差押えの解除を要求する者は、そのほとんどが抵当権の設定も納得しない。なぜならば、抵当権を設定すれば、滞納税額を納付せざるを得ないからである。解除を要求する滞納者の本音は、滞納税額を納付せずに売却したいということだからである。その証拠に、任意売却して納付する滞納者は皆無と言って過言ではない。これが唯一の財産だったりすると後の祭りで、以降は手の打ちようがなく、滞納処分の停止ということになる。

こうした取扱いが往々にして、上司の判断や命令によりなされていることが多い。無責任極まりないと言うほかない。誰も責任を問われないので、いいかげんな処理がされているのが現状である。滞納がなければ差押えができない反面、解除も理由がなければなし得ないのである。あくまでも、当初の方針どおり処理するのが適正な対応である。

5　財産の帰属の認定

民事執行法では、債権者の占有に係る財産は、その財産が滞納者に帰属するかどうかを問わず、すべて差押えの対象になるが、滞納処分の場合には、徴収職員に財産帰属の判定をすることが要請される。帰属の認定は、①動産、有価証券は所持人が滞納者であること、②不動産など登記・登録により第三者対抗要件を備えることができる財産については、その登記・登録の名義人が滞納者であること、③未登記の不動産等については、占有の事実、固定資産税等の課税・納付状況、建築許可証等の事実関係から滞納者に帰属すると認められること等により判定する。

事例　顧問弁護士名義の預金差押え

この事例の滞納者は、不動産業者である。バブル期に一挙に業務を拡大し、大量の不動産を在庫として抱えることとなった。多額な借入金により不動産を買い漁ったものであり、不動産の販売が不調になると、たちまち資金繰りが悪化し、不渡りを出して倒産した。倒産の時点で、法人二税、不動産取得税の合計で約一千二百万円の滞納があった。

直ちに財産調査を実施したところ、滞納者名義の預金、現金、不動産はほぼ皆無であった。そこで、決算書から判明した、売掛金、貸付金を調査した。ほとんどの債権は既に回収されていた。引き続き第三債務者から、返済方法（何時、どこで、誰に、いくら）を調査したところ、滞納者の口座以外の口座に振り込まれているものが判明した。第三債務者や滞納者に確認したところ、滞納者の顧問弁護士が開設している口座であることがわかった。早速顧問弁護士に面会して、滞納分の納付を依頼した。弁護士は、債権債務を確認中であり、その結果が出るまでは納付できない。また、結果によっては全く納付できないとの返事であった。時間を掛けて説得したが、協力は得られなかった。この時点では、名義が異なっていれば差押えされないものと、顧問弁護士は考えていたようである。説明をしてしまうと預金を移動されてしまう恐れがあるので、差押えの話はふれずにおいた。早急に差押えすべく債権の帰属認定手続きを始めた。第三債務者は、滞納者に対する債務の返済であること。滞納者からは、顧問弁護士に対し債務がないこと。顧問弁護士の口座への振り込み理由（この事例の場合には、他の債権者からの差押えを逃れるためであった）、最終的には、銀行預金の収入、支出がすべて滞納者の債権債務に基づくものであることを確認した。明らかに顧問弁護士名義の口座にある預金は、滞納者に帰属すると認定された。

差押えは「顧問弁護士○○こと滞納者A」として執行した。滞納額を大幅に上回る預金額であったため、全額を差し押さえたうえで「ただし、滞納額に充つるまで」

と限定し、一部取立てを即日実行した。

その後、顧問弁護士から「差押えするくらいなら、なぜ前もって言わないのか」と猛烈な抗議があったが、仕事の性格上できないと説明し、了解を得た。差押えの時点で反発があることは予測し、覚悟していたので問題なく対応することができた。徴収の仕事では、このように腹を決めてかからなければならないことが往々にしてある。

○事例からの教訓

この事例では、滞納整理開始の時点でめぼしい財産はほとんど処分されており、債権についても回収されていた。しかし、そうした事実関係を地道に裏付け調査することによって、徴収の手掛かりとなる事実を把握したものである。また、こうした処分では、相手方に処分を予知されないようにすることがポイントである。そのためには、スピーディーに処理することと、調査の目的を察知されないことである。顧問弁護士に「支払わなければ、預金を差し押さえる」といったことを、事前に言ってしまえば、処分が困難になることは当然である。相手に不満が残るが、もともと滞納者の財産を顧問弁護士の口座に入れておくことが問題なのである。厳しく言えば、その事自体が違法行為である。

6　超過差押えの禁止

未納徴収金を徴収するために必要な財産以外の財産は、差し押さえることができない。これはあくまでも超過額の問題ではない。例えば、一〇〇万円の滞納に対して一五〇万円の預金を二口差し押さえることである。

7　無益な差押えの禁止

差押財産を換価しても、配当の見込みがない場合には、無益な差押えとなり、差し押さえることができない。無益であるかどうかの判断は、差押執行時点で行う。

8　差押えに当たっての第三者の権利の尊重

徴税吏員は、滞納者の財産を差し押さえるに当たり、滞納処分の執行に支障がない限り、第三者の権利を侵すことのないように配慮することとされている。ただし、この規定は、あくまでも訓示規定であって、徴税吏員が差し押さえるときに、このための特別の調査を求められたものではない。

滞納処分に支障がある場合には、第三者の権利の目的となっている財産であっても、通常どおり差押えを執行することになる。

この支障がある場合とは、差押えに適する財産が、第三者の権利の目的となっている財産だけ、あるいは、対象の財産以外は換価が困難な財産のみといった場合である。

「第三者の権利」とは、賃借権、抵当権、留置権等の権利である。

第三者の権利の目的となっている財産が差し押さえられた場合には、その第三者は差押権者に対し、滞納者が他に換価が容易な財産で第三者の権利の目的となっていないものを有し、かつ、その財産により滞納額全額を徴収できることを理由として、差押換えを請求することができる。

差押権者は、差押換えの請求が相当と認められるときには、差押換えしなければならない。この場合には、徴収猶予など新たに滞納処分ができない場合であっても、差し押さえることができる。請求を相当と認めないときは、却下の通知をする。

差押換えの請求を相当と認めない旨の通知を受けた第三者は、その認定に不服があるときは、差押請求した財産を差し押さえ、かつ、換価すべきことを申し立てることができる。

申立ての期限は、通知を受けた日から起算して七日を経過した日までである。換価の申立てを受けた差押権者は、差し押さえることを請求された財産が、①換価の著しく困難な財産であるか、②他の第三者の権利の目的となっているものであるときを除いては、これを差し押さえ、換価する義務を負う。これらの手続きをとらない限り、差押え中の財産を換価することはできない。

9　相続があった場合の差押え等

徴税吏員は、被相続人の滞納で相続人の財産を差し押さえる場合には、滞納処分の執行に支障がない限り、まず、相続財産を差し押さえるように努めなければならない。これは、相続があったときは、納税義務が承継され、財産も承継するが、被相続人の滞納は、まず、被相続人の財産であった相続財産から徴収することが適当であることを前提としたものである。また、相続人の固有財産のほうが相続人の生活、営業と密接な関係があるため、まず、相続財産を差し押さえるほうが、相続人に与える苦痛も少ないと考えられるからである。

差押財産の選択に当たっての第三者の権利の尊重に対応するものである。

この定めも、滞納処分を慎重に行うことを求めた訓示規定である。趣旨としては、「滞納処分に支障がある場合」とは、おおむね①第三者の権利の目的となっている相続財産以外に、差押えをすることができる適当な相続財産がないこと、②第三者の権利の目的となっている相続財産以外の相続財産が、差押え困難なものであること、あるいは、③第三債務者に支払い能力のない債権、④裁判で所有権の帰属が争われているような不確実な財産だけである場合などをいうものとされている。

被相続人の滞納で、相続人の固有財産が差し押さえられた場合には、その相続人は、差押権者に対し、他に換価が容易な相続財産で第三者の権利の目的となっていないものを有していて、かつ、その財産により滞納額の全額を徴収できるときは、差押換えを請求できることになっている。この相続人の権利と第三者の権利が競合する場合には、第三者の権利を尊重するものとされている。

実務的な取扱いでは、①被相続人の滞納について、他に差し押さえた相続財産がある場合に、その財産と相続人が差し押さえることを請求した相続財産とにより、被相続人の滞納額の全額を徴収することができると認められるとき、②差押換えの請求による差押えのほかに、交付要求している場合は、その交付要求に基づく配当が比較的に最近において確実に得られ、被相続人の滞納額全額を徴収することができると認められるとき、③徴税吏員が、新たに、換価が容易で、かつ、第三者の権利の目的となっていない相続財産を発見し、それにより被相続人の滞納額の全額を徴収することができるとき、④二人以上の相続人が、それぞれ差押換えを請求した場合に、差し押さえるべきことを請求した相続財産の価格が被相続人の滞納額に満たないときにおいても、その相続財産を一括換価することにより、被相続人の滞納額を全額徴収することができると認められるときには、差押換えの請求は、相当と認められている。

10　差押換えの請求期限

差押換えの請求は、その差押財産の換価方法により、①差押財産が公売財産の場合は公売広告の日まで、②随意契約で売却する場合は売却決定の時まで、③金銭の取立ての場合は債権取立ての時までに行わなければならない。

なお、差押換えの請求に対する取扱いは、第三者の権利の尊重とほとんど同じである。

11　差押調書及びその謄本

徴税吏員は、滞納者の財産を差し押さえたときは、差押調書を作成し、署名押印しなければならない。

また、捜索した場合には、捜索の日時及び場所等を記載し、立会人に署名押印を求めなければならない。

差押調書は、差押えの事績を記録証明するために作成する文書であって、差押処分の効力の発生要件ではない。当然、差押調書に対する上司の決裁は、その効力の有無になんら関係のないことである。

動産、有価証券、債権及び無体財産権等を差し押さえた場合には、差押調書の謄本を作成し、滞納者に交付しなければならない。

12　権利者等利害関係人に対する通知

質権、抵当権、先取特権、その他第三者の権利の目的となっている財産、仮登記がある財産及び仮差押えまたは仮処分がされている財産を差し押さえた場合には、権利を有している者のうち、知れている者に対して、その旨とその他必要な事項を通知しなければならない。

事例　名義変更停止中のゴルフ会員権の差押えと公売

この事例も滞納者は不動産業者で、滞納税目は不動産取得税である。同税の場合、どうしても課税時期が遅くなるので、課税した時点で既に納税者が倒産していることがある。

ある日の倒産情報で、この業者が不渡り手形をだし、倒産したことが判明した。課税して間もなく、所在地が県外ということもあって、寝耳に水の状況であった。即日、管轄の税務署で決算書を閲覧し、その足で現地に赴《おもむ》いた。

事務所は、住宅街の一角にこぢんまりと建っていた。アポイントを取っていなかったが、社長が残務整理で出社していた。さすがに憔悴《しょうすい》し切った面持ちであった。当然のことながら、自主納付の見込みは全くなく、事務所内の財産調査を行うことになった。売買契約書、伝票等から財産の動きを追ったが、差押えすべき財産は発見できなかった。最後に金庫の中を見せてもらうことにした。社長は「今更そんな所に何もないけど」と笑っていた。それでも、まず、信用金庫の出資証券二枚二〇万円を差し押さえた。何十億という取引をしていた法人にとっては、このくらいは問題外なのか。次に、金庫の底からゴルフ会員券が二枚出てきた。「これは」と聞いたところ「名義変更停止中で二束三文です」とのことであった。念のために差押えを執行しゴルフ会員券を取り上げた。後日、会員権を扱う業者に聞いたところ、社長の申し立てどおりであった。もし、名義変更が可能であれば、一口八〇万円ぐらいにはなるとのことであった。

徴税吏員は、滞納者の財産を強制的に公売してしまうのだから、滞納者にいくらかでも有利になるように売る責任があり、名義変更を認めるように会員権管理会社と交渉することとなった。こういう話は、やはり会社の責任者としたほうが良いだろうということで、社長とアポイントを取って会社へ臨場した。初めのうちは、一人に認めるとなし崩しに認めざるを得なくなるので、絶対に認められないとかなり強行に拒絶された。しかし、あくまでも、滞納処分という公務による公売であるということと、法人にも公共の福祉に貢献するという社会的責任があるのではないかと、粘り強く説得したところ、最終的には快く了解し、名義変更許可の念書を出してくれた。早速、ゴルフ会員権売買仲介業者に連絡したところ、入札に参加したいとの積極的な回答があった。その後、公売を実施したところ、一口八〇万円台で落札され、合計一六〇万円余の公売収入が得られた。滞納額は延滞金を含めても一三〇万円余だったので、三〇万円ほどを滞納者に配当することができ、滞納者から感謝された。

○事例からの教訓

この事例では、名義変更停止中であるにもかかわらず、滞納者のためにいくらかでも高く売れるように努力したことが、第三債務者の協力となって公売が実現したものである。公売を執行する場合に担当者が心しなければならないことは、本人が売却するとしたらどうするかということである。くれぐれも安易に執行することのないようにしていただきたい。できれば、本人が納得できるような公売が、最高である。処分にしても、公売にしても難しく感じるだろうが、決して難しいことではない。一度経験すれば、自信ができると思う。積極的に挑戦されることを期待したい。

後継者の育成

どの時代でも、どこの組織でも、家庭でさえも後継者の育成は、古くて新しい課題である。今時の若いものといったら…という嘆きの声は、今も昔も変わらない。人と組織の普遍・不易の課題である。

後継者の育成は、あまりうまくいかない。なぜだろうか。

あいつ、いまいちだろう、しかし、我々がいなくなれば、それはそれで何とかなるものだよ、といった先輩の言葉が忘れられない。

後継者の育成には、条件があるように思う。

その一つは、育てる者と育てられる者の阿吽の呼吸である。これがあわないと教える気にならないし、教わる気にもならない。不思議なものだ。しかも、これが滅多にあわないから、必然、後継者の育成は、難しくなる。仕事を一緒にしたからというではなし、上司と部下だったからというではなし、確たる因果はなく、縁とでも言うしかない。合ってすぐ呼吸があうことも、離れてからあうこともある。極端な場合、師と思われていることすら当の師は、知らないことだってあるような気もする。

何か通じるものがある、気心のサイクルや共感を感ずるものがある、意気や想いが同じ、無理なく引き合う引力とでも言おうか、こんなものが呼吸をあわすのだろうと思う。

こんなことは、同じ人間同士でも百に一つあるかないかだから、後継者育成はうまくいかないという嘆きになる。俺は、教える能力も資格もない、良き師に恵まれないなどと、お互いに、早合点する訳である。

後継者の育成は、社の方針であるなどと無理なことをいう偉い人がいる。せいぜい研修を一生懸命やるぐらいに受け止めておけば良いような気がしてならない。

後継者は、どれもこれも育てられるものではない。一生かかって、自分と同じ者を、ましてや自分を越える者を一人でも育てられれば、それは、大事業である。もちろん、自分と同じタイプの後継者が、また、必要なのかということもあるが。

☆コラム☆

権力があると、誰でもちやほやして寄ってくる。お世辞も使うし、ヨイショもする。これで、自分は、偉い、指導力があると思ったら、大間違いの元である。そんなときに、お前はかわいい、できるなどと言われ、喜んで舞い上がっていては、単なるごますり、迎合である。そんな関係では、育て、育てられるといったこととは、程遠い。

得てして、こんな関係で、人が出世したりするから、下の者の苦労は、宮仕えの辛さそのもので、お互いの進歩も組織の進歩もない。ご苦労なことである。

もう一つは、お互いの生きる姿勢、態度である。育てる者は、常に育つ者の一歩先を行く弛まぬ努力が、育つ者には、追いつき追い越そうとする気構えと努力が必要な気がする。

阿吽の呼吸、和気藹々の中にも、負けるものか、勝ってやるという緊張感が必要な気がする。育てる者と育つ者の共通項は、自分には厳しく、他人には左程厳しからず、ある程度寛容なことが必要だろうと思う。つまり、育つまであきらめずに待てる人が後継者を育て、いつかは追いつくという目標が、しっかりしている者が育つのである。

いつも百点を取るように教え、取りつづけなければならないことはない。

お互いの違いを認め、お互いに一〇〇%を求めないで、お互いに吸収すべきは、吸収し合うのが良いのではないだろうか。

お互いにべったりという関係よりも、少し、距離もあったほうが良いような気もする。

育てたつもりでも、育てられたほとんどの人は、自分で努力して育ったと考えている。それで、良いのではないだろうか。本当に組織を引っ張っていく後継者の育成は、余程のことがない限り、うまく行かないのだから。

第9章　滞納整理のための財産調査権

滞納の確信犯に対しては、厳しい断固とした滞納処分が必要である。反発の強い滞納者に対して手をこまねき、ゴネ得を許すことは、善良な被保険者あるいは納税者に対する裏切り行為であることを徴税吏員は肝に命じるべきであり、職務怠慢と指弾されても仕方ないことである。二一世紀を迎え、時代は急激に変化している。情報公開が進み、過去には不問に付されたことも、今後は、責任を追及されることになる。

こうした行政を取り巻く状況を真剣に考えたら、滞納者の意に委《ゆだ》ねた任意納付だけに頼る滞納整理が、嫌なことを避ける、いかに無責任でかつ多くの問題があるかが、ご理解いただけるのではないか。一日も早くこのような現状を打破されんことを望むところである。そのためには、大変であっても滞納処分に踏み切ることである。この滞納処分の対象となる財産を発見するために必要なのが、質問・検査権などの調査権の発揮である。

1　質問・検査権

調査権の内容であるが、徴税吏員は、滞納者の財産を調査する必要があるときには、必要と認められる範囲内において、滞納者その他特定の者に対して質問し、またはその者の財産に関する帳簿もしくは書類を検査することができる。

この質問・検査権は任意調査ではあるが、正当な理由なしに拒否したり、偽りの回答をした場合には、罰則の適用があり、間接的な強制が行われている。質問・検査の相手方は、滞納者本人及び滞納者となんらかの経済的取引関係を有する者（法人を含む）である。

2　捜索

任意調査では目的を達成できないときに実施するのが、強制調査としての捜索である。徴税吏員は、滞納処分のため必要があるときは、特定の物または場所につき捜索することができる。これは本当の話であり、必要があればできるのである。

捜索の相手方及び場所は、滞納者及び滞納者の財産を所有していると認められる者の住所等である。捜索に当たっては、滞納者に金庫等を開かせることを命じたり、徴税吏員が自ら開くことができる。捜索ができる時間は、原則として、日の出から日没までである。捜索には立会人が必要で、捜索調書を作成し、立会人に押印させる必要がある。

滞納処分のための捜索は、警察とは異なり、令状を必要としない。

3　財産調査と苦情

皆さんが心配されるのは、質問・検査・捜索を実施した場合には、さぞかし多くの苦情や反発があるだろうということだと思う。残念ながら、そのとおりである。滞納整理は、いかに適正に執行したとしても、やればやるほど、滞納者から苦情や反発が多くなる性質を持った仕事である。

執行側に対する言われのない苦情や、反発が多くあるという現実を避けて通っては、滞納者の意に任せた任意納付主体の徴収から抜け出すことはできない。財産調査に苦情や反発は付物と考えて、組織として対処すべきである。

4　苦情対応の実戦

次に、実際に発生することの多い苦情等を取り上げて、法令上の考え方や対処方法を説明したい。

債権差押えをする場合には、債権の特定が不可欠で、たとえば、銀行、勤務先あるいは家主等に対して、債権者及び債務者名、債権の種類、債権額、履行時期等を文書で照会したり、面接して調査することがある。銀行に照会されたことを知った滞納者が、「照会されたために、銀行の信用を失い融資が受けられなくなった」とか、「会社で滞納しているのかと聞かれて、恥をかいた、どう責任を取ってくれるのか」あるいは「家主から税金を滞納するような人は、家を出て行ってほしいと言われた」等々表現に多少の違いはあっても、自らの非を棚にあげて苦情を申し立てる。このような事例を冷静に判断すれば、滞納しているからそうなるのであって、勝手なことを言うなと思いつつも、突然、窓口で大声を出されたりすると、気が動転して慌てたり、脅しに乗せられたりする。そして、上司を含めて、その場しのぎの事なかれ主義に走ったり、無責任に担当職員に責任を取らせてその場をしのごうとする対応が時折見受けられる。こうした対応をせざるをえないのは、税や保険料など、幅広い意味の公租公課の基本的な意味を良く理解していないからである。

徴税吏員が、与えられた権限を行使できるのは、納税者が滞納しているときである。納税者が義務を果たさず滞納しているから、滞納者には、信用を失うようなことを甘んじて受けなければならないという受忍義務が課せられているのである。きつい言葉で言えば自業自得である。それも自主的に納付するよう再三にわたって督促されても、納付しないという前提があってである。こうしたことをしっかりと認識していれば、苦情に対しても毅然とした対応ができるはずである。しかし、上司や担当者個人での対応には、相当のベテランでない限り、限度がある。だからこそ、庁内あげて組織的に、苦情等に対処する体制を構築することが必要になる。また、是非、そうしていただきたい。

事例

①前任者の財産調査を見直し徴収した事例

この事例は、私がF県税事務所に勤務していたときに体験したものである。

税目は法人事業税、法人県民税の二税で滞納額は約五千万円である。既に納期限から一二年以上も経過していて、当初に少額な納付があっただけで、全く解決の見込みはなかった。時効は、電話加入権の差押えと国税の差押不動産に対する交付要求で中断していた。会社との連絡は経理課長が窓口になっており、二カ月に一回程度来所し、身勝手な独演会をして帰るのが定例であった。

厚さが一〇センチもあろうかという滞納整理経過記事と参考資料を初めから見直したところ、調査しても所有財産は全くなく、収入も皆無との記事を当初の担当者が記載しており、その後の担当者は、それを鵜呑みにして新たな調査は全くしていなかった。交付要求の配当待ちという理由付けで毎年繰り越されていたが、私の試算では配当見込みは全くなかった。そこで、新たに調査すべく、当初の担当者が何を調査したのか、チェックしたところ、調査したとする相手方の回答書がほとんどない状況であった。納期限から長年経過しているので、書類が散逸してしまったのかと考えられた。しかし、滞納処分の停止をするにしても、そうした書類が必要なので面倒だが再調査することにした。

地元のT市に現況調査書（所有不動産等滞納整理に必要な事項を照会する）によ

り照会した。驚くなかれ、T市に賃貸住宅を所有しているとの回答である。現地に行ってみたところ、八割程度は入居していると思われた。土地は他人名義で建物には抵当権が設定されていて、あまり換価価値はないと認められた。賃貸収入は手つかずである。この時点でほとんど調査せずに、滞納者の無財産という中立てを、記事に記載したものと判断し、本格的再調査を決断した。どこから手を付けようと考えたときに、記事に経理課長は静岡県のI市に行っているので留守という記事が多いのが気になった。そこに何かなければ、そんなに頻繁に行くことはないだろうと考えたからである。I市に文書照会をしたところ、所有不動産は国税差押えの不動産だけであった。しかし、I市に高額の固定資産税が滞納になっていた。とても、差押不動産だけでは考えられない額だったので電話で聞いたところ、以前には何十倍もの不動産を所有していたとのことであった。それら不動産の明細を情報提供してもらい、法務局に不動産登記簿を請求した。登記簿を見たところ、全部同じ日にI市のAに所有権が移転されていた。I市の担当者にAについて尋ねたところ、とても大量の不動産を取得できる資力があるとは思えないとの回答であった。早速Aに会ったところ、意外な事実が判明した。Aは、滞納法人の代表者の妻と兄弟で、頼まれて名前を貸したと正直に話してくれた。Aの行為は、違法な行為である旨説明したところ、今後協力するので大目に見てほしいと懇願された。そこで、当日のやりとりを文書にし、Aに事実関係を証明させた。

その後の交渉は、この証拠があるためにこちら側の一方的ペースで進められ、最終的には延滞金を含め一億円以上を収入化し、完結した。

○事例からの教訓

この事例を経験して感じたことは、滞納整理経過記事を鵜呑みにしないということと、長期間経過してしまっているので無理だろうと決め付けないことが大事だということである。この事例は、高額滞納の事例であるが、小額な事例でも、人間が生きているということはなんらかの収入なり蓄えがあるはずであり、徴収するか、滞納処分の停止にするかは別にして、事実を追求するのが徴税吏員に課せられた職責である。差押不動産、交付要求等も配当見込みの有無を検討しておくことは、当然である。

②合名会社の高額滞納事案

私がこの事案を担当することになったのは、M市内の県税事務所に納税課長として転勤したときである。私は日頃から管理監督者であっても、できる限り実務に携わっていたほうが良いと考えている。長い間、実務を離れているとどうしても、考え方が現実離れすることが否めないからである。幾らかでも滞納整理を担当することによって、机上の空論的な指導をせずにすみ、実務的な指示ができるからで、この事案もそうした考え方に基づいて、私が担当したものである。

まず、事案の概要であるが、この法人の代表者は、地元では有名な柔道家であり、道場を経営して成功し、喫茶店、靴屋、不動産賃貸業へと徐々に手を広げ、事業は順調に拡大されていた。一時は、駅前にビルを四棟所有するほどの勢いであった。ところが、この経営者が突然病死してしまう。急遽《きゅうきょ》、妻が代表者となり経営を継続することになった。しかし、それまで妻は、踊りの師匠をしながら婦人会活動などをしており、事業には全く携わっておらずズブの素人であった。会社の状況は一変する。順調に発展してきた会社は、これを境に坂道を転げ落ちるように経営が悪化する。そのような状況につけ込み、会社の財産を搾取する者まで出てくる始末である。約三年で倒産してしまう。

資金繰りのために売却した不動産の譲渡益が発生し、その所得に対する法人税、法人事業税、法人県民税、法人市民税が滞納となった。私が担当した時点では滞納発生から八年ほど経過していた。既に代表者となった妻も亡くなって、一〇人の子供のうち一人が相続を放棄し、九人が相続している状態であった。皆さんご存知のとおり、合名会社の社員は無限責任社員である。当然、相続人はその責任も相続しており、納税義務が発生していた。県税の処分状況は、税務署が差し押さえた不動産に対する参加差押えである。税務署に公売の見込みを聞いたところ、全く予定がないとのことであった。配当見込みを検討してみたが、ほとんど見込みはなかった。債権確保が全くされていないということである。そうした状態でありながら、放置したままであった。

そこで、九人の相続人に対し、納付意思の確認と現状の説明を求めた。全員が色々な事情があり、納付できないとの申立てがされた。しかし、事情聴取の中で貴重な情報が得られた。その一つは、被相続人の動産が分配できず、そのままになっていることであった。早速、現地で調査を実施した。

動産類が保管されているビルに臨場したところ、保管されて数年間経過していたため、段ボール箱は埃《ほこり》だらけであった。ただ、完全に梱包されていたため、中身には問題はなかった。中には、絵画、屏風、書画骨董《こっとう》、家具類等大量に発見された。早速、動産差押えを実施した。

次に、自宅（代表者が死亡するまで妹と住んで居た所）に行くことになった。踊りの師匠をしていたので、高価な着物が大量にあるとの情報があったからである。そこは、賃貸マンションの一室で、綺麗に整理整頓されている状況から考えて誰かが出入りしているものと思われた。室内には、六段と四段の整理箪笥が各二竿と一つの洋服箪笥があった。その中に着物がビッシリ詰まっていた。差し押さえるに当たり問題が生じた。立会人の話では、妹の着物も混じっているとのことである。当時、妹は事情があって所在不明である。この着物の中から、どのように本人の物を区別して特定するかである。取引先のデパートで知恵を借りることにして、呉服部門の担当者に面接した。本人の名前を言ったら直ぐわかるくらいのお得意さんだったらしい。幸運にも、実際に本人を担当していた職員の方が在職されており、特定に必要な情報と公売の参考になることまで、教えていただいた。

男で着物に縁のない私にはわからなかったが、至って簡単なことであった。要するに寸法である。本人の寸法が保管されていたので、問題は解決した。直ちに区分して、差押えを執行した。着物が約三〇〇枚、帯が約二〇〇本あった。

その後、動産を引揚げる時に、相続人の一人から、「父が柔道場に掲げていた額は、家宝なので差押えを解除してもらえないか」との申し出があり、解除した。そこまですることはないと考えたことと、まだ他に換価の容易な財産もあると見込んでいたからである。動産の引上げには四トントラックが二台必要であった。大勢の職員と相続人二人が積極的に手伝ってくれた。額の差押えを解除したことの効果である。これらを全部公売するまでには、絵画の鑑定依頼とか公売参加者への広報、引上げ物件の保管場所、方法の問題など色々あったが、それらをすべてクリヤーして公売を執行した。その結果、一千数百万円の収入が得られた。

次に、税務署が差押えしている不動産の利用状況を調査した。一階は大人のオモチャのお店であり、二階は動産が入っていた倉庫である。三階は法人に貸しており、四階はアパートとして賃貸していることが判明した。ここの賃貸料を相続人の一人が手にしているとの情報も得ていた。賃貸人の振込み口座名義は全く別人であったが、賃貸人等からの調査によって相続人の中のAであると、ほぼ確認ができた。Aの事務所に赴《おもむ》いた。

当初Aは、賃貸料の行方はおろか、口座についても知らないとの一点張りであった。賃貸人の大家への連絡先電話番号がAのものであること。仲介の不動産屋もAから依頼されていると証言していること等から、本当のことを言うように迫ったが、頑として聞き入れなかった。そんな交渉を続ける中で、口座の話をする度に、Aと女子事務員の視線が机の引き出しに向かうのが確認できた。私は、その中に預金通帳があると確信した。どうしても協力しないAに対して、最終的には、捜索を実施すること、そして、預金通帳が出てきた場合には、国税徴収法第一八七条第一項の「滞納処分の執行を免れる目的で、財産を隠蔽した者は、三年以下の懲役もしくは五〇万円以下の罰金に処す」という罰則を適用すると説明した。

Aは、とうとう観念したらしく「もし任意で提出した場合には、これまでに使ってしまった分はどうなりますか」と申し立てた。私は、通帳を任意で提出し、今後の債権取立てに全面的に協力するなら、不問にすると告げた。やはり通帳は、例の引き出しから出てきた。月に約六〇万円の振り込みがあり、残金が三五〇万円あった。それらの債権をすべて差し押さえた。以後毎月六〇万円取り立てし、数年後に完結になった。

○事例からの教訓

この事例の成功した要因は、参加差押えという形式的処分に満足せず、徹底した見直しを行い、再度財産調査を実施したことである。これらのことは、特段の知識や経験がなければできないことではない。面倒だとか、できないと最初からギブアップしてしまったら、いつまでたっても何もできない。一つ一つ事実を細かく調査、確認するのが徴税吏員の使命である。

第10章　担保について

徴税吏員は、知恵を出し、汗を流して滞納者を説得し、協力が得られるよう努力している。しかしながら、滞納者にも色々な人がいて、その苦労は察するに余りある。身勝手な主張をする人や乱暴な人さえいる。そうした滞納者は論外としても、多くの滞納者がなかなか約束を守らないのが実情である。特に、分納の約束をしながら約束が不履行になる事案が多く、職員の方々が手を焼いている。しかし、こうした事案でも、担保を取ることにより約束の履行率が高くなることは、過去の実績が証明している。また、担保があれば、欠損になることもないのである。確実かつ効率的に徴収事務を行うためには、担保を取ることは欠くことのできない条件である。

1　担保の種類等

一般的に分納を認める場合は、徴収猶予または換価猶予に該当する場合であるが、その場合には、その猶予金額に相当する担保で、法律に限定列挙されている次の担保を取らなければならない。ただし、猶予額が五〇万円未満あるいは担保を取ることができない特別の事情がある場合を除く。

(1) 国債及び地方債

国債とは、国債に関する法律による無記名国債証券等、登録国債または記名国債証券で担保権の設定が制限されていないものをいう。

また、地方債とは、地方財政法及び地方自治法に基づいて、地方公共団体が起こす地方債をいう。その担保価格は、原則として、額面価格によることが適当である。ただし、割引きの方法によって発行された国債等は、別途計算による。

(2) 地方団体の長が確実と認める社債（特別の法律により設立された法人が発行する債券を含む）及びその他の有価証券

上場有価証券、投資信託または貸付信託の受益証券、金融機関の保証または引受けのある手形、担保付社債信託法の規定により発行された物上担保付社債が、これに該当するとして取り扱われている。

(3) 土地

(4) 保険に付した建物、立木、船舶、航空機、自動車及び建設機械

立木とは、通常、立木に関する法律の規定により所有者が所有権の保存登記をした樹木の集団をいう。なお、登記をしない樹木の集団及び独立の取引価格のある個々の樹木は、通常土地の定着物としてその土地の抵当権の効力が及ぶが、それらの樹木について明認方法を施すことによって土地から独立した不動産として抵当権の目的とすることができるので、そのような樹木の集団または樹木も立木に含まれる。

船舶とは、船舶登記簿に登記することができる船舶をいう。小船、櫓やかいで運転する船、その他外国船舶等は登記することができないので、ここでいう船舶には該当せず担保として扱うことができない。

航空機とは、人が乗って航空の用に用いることができる飛行機等であって、航空法の規定によって航空機登録原簿に登録を受けたものをいう。

自動車とは、軽自動車及び二輪の小型自動車以外の自動車で、道路運送車両法の規定により、自動車登録ファイルに登録を受けたものをいう。

建設機械とは、建設業法に規定する建設工事の用に供される機械類で、建設機

械台帳に登録を受けた後、建設機械登記簿に所有権保存登記をしたものをいう。

なお、これらの保険については、その保険金がその財産により担保される地方団体の徴収金の額を下回ってはならないものとし、かつ、その保険金請求権の上に質権を設定するか、または保険金受取人の指定をするものである。

(5) 鉄道財団、工業財団、漁業財団等

鉄道財団は、鉄道抵当法により、その他の財団は、各根拠法規によりそれぞれの財団登記簿に所有権保存の登記をすることによって成立し、その財団は一個の不動産とみなされる。

企業が金融を簡易に受けられるようにした制度である。

(6) 地方団体の長が確実と認める保証人の保証

地方団体の長が確実と認める保証人の保証とは、銀行等金融機関に限るものとされている。ただし、やむを得ない事情があるときは、保証義務を果たすための十分な資力があると認められる金融機関以外の者でも差し支えない。

2　納付納入の委託との関係

担保を取らなければならない場合であっても、滞納者が約束手形や先日付小切手等を提供して納付納入の委託をした場合、これによって担保の提供の必要がないと認められるに至ったときは、その認められる限度において、当該担保の提供があったものとすることができる。

3　実戦での問題点

ほとんどの地方団体での滞納整理が、あまりにも事なかれを前提とした処理方法のため、民間の月賦の集金人的対処をしている。具体的には、「幾らでも結構ですから納付してください」等と滞納者にお願いしている。これではどちらが債権者かわからなくなってしまう。お願いすべきは滞納者だという認識がないと、とても担保を取るといった段階まで仕事の質を高めることができない。結果として、善良な納税者からだけ徴収するという、不公平な仕事をすることになる。職員の士気の低下もさることながら、私は不祥事の温床にならないかと危惧《きぐ》しているところである。

4　担保徴取の手続き

担保を取るときには、実務上は納税者、物上保証人、法定代理人等の担保提供意思の有無を確認する必要があるので、次の書類を提出させることとしている。

(1)　担保提供書

担保を提供する者は、担保提供書を提出して担保を提供する意思があることを証明しなければならない。

(2)　承諾書

滞納者以外の第三者が所有する物を担保として徴取する場合には、その第三者が担保を提供することを同意したことを証明する書面として、その第三者の承諾書及び印鑑証明書を提出させる。また、保証人が法人の場合には、印鑑証明書に代えて、法人の資格証明書を提出させ、更に商法の規定に抵触する場合には、その保証について取締役会の承認等を受けたことを証する議事録等を併せて提出させる必要がある。

(3)　代理権限証書等

滞納者または担保財産の所有者が未成年等の場合（成年後見人が選任されている場合を含む）には、次の書類が必要になる。

ア　未成年者の場合

未成年者の戸籍謄本及び法定代理人（親権者、未成年後見人）の印鑑証明書

イ　成年後見人が選任されている場合

成年後見人の登記事項証明書及び成年後見人の印鑑証明書

ウ　保佐人（補助人）が選任されている場合

担保の提供手続きについて保佐人（補助人）に代理権限が付与されていない場合は、被保佐人の登記事項証明書、保佐人（補助人）の同意書及び印鑑証明書

代理権限が付与されている場合は、被保佐人の登記事項証明書及び保佐人（補助人）の印鑑証明書

5　財産別担保徴取の手続き

(1)　有価証券

一般的な無記名の有価証券は、正式には供託所に供託して供託書正本を担保と

して提出させて行う。しかし、実務では有価証券そのものを担保として提出させ、差押えして保管する等の方法により処理している。登録した有価証券は登録済通知書、登録済証を提出させる。

(2) 不動産（土地・建物）

不動産を担保とするには、その不動産に抵当権を設定する必要があり、担保提供者の抵当権設定登記承諾書及び印鑑証明書を提出させる。なお、建物の場合、保険に付されていることが担保としての条件であるが、土地とその土地上の建物を担保とする場合には、担保価値やその後の担保権の実行による公売のことを考慮すれば、必ずしも保険に付されていなくとも担保として差し支えないと考える。

(3) 保証人

人的担保として保証人を付ける場合には、保証人の納税保証書に印鑑証明書を添付して提出させる。法人が保証人になる場合には、資格証明書及び取締役会の承認等を受けたことを証明する議事録等も同時に提出させる。

なお、物上保証人、保証人に対して保証が真実にされたものであるかどうかを、文書、面接等により確認することとされているが、保証書に実印で押印させ印鑑証明書を添付させれば特別のケースを除いては省略して差し支えないと考えている。あまりにも厳格な手続きを要求すると、本来の目的を果たせなくなるからである。このことは、他の手続きにも共通するので留意すべきである。

（4）金銭

金銭を担保にする場合には、供託所（法務局）に金銭を供託したときに供託者に交付される供託書正本を提出させる。

金銭担保の実務的な取扱いとしては、金銭を金融機関に担保として差し入れさせ、保証手形を発行して貰い、その手形を担保とする方法が取られている。

6　担保の価格

当然のことながら、担保は本税、延滞金等その他徴収金、公売等に要する費用も担保できる額でなければならない。更に、猶予期間中の担保物の価格変動を考えると、一定の幅を見ておかないと、担保不足ということになる。そこで、次のように見積もることとしている。

たとえば、土地の場合であれば時価の八割以内で適当な額、建物であれば時価の七割以内で猶予期間中の減耗を考慮した額、株式等の有価証券は時価の八割以内で猶予期間中の価格変動を考慮した額といった算定方法が規定されている。

7　担保の変更

経済状況の変動まで加味して徴取する担保であるが、バブルの崩壊のような大きな変動があると、担保の変更を余儀なくされる場合がある。

この担保の変更要求は、行政側からする場合と担保提供者側からする場合とがある。

(1)　行政側からするケース

担保の価格の下落、保証人の資力の減少等の理由により未納徴収金を担保することができないと認められるときは、納税者に対し増担保の要求、保証人の変更その他担保を確保するための必要な行為を求めることができる。

なお、その他担保変更の要因となる事柄としては、担保物の所有権の帰属に影響を及ぼすような訴訟が提起された場合や担保物の保険が失効した場合等である。

(2)　担保提供者による担保の変更申立て

担保を提供した者は、担保の変更を要求することができる。

担保提供者から担保変更の申立てがされた場合には、新たに提供する担保が担保として適当であり、かつ、変更により徴収上弊害がないと認められるときは、その申立てを承認し、担保を変更することとしている。

8　担保物の処分、解除等

滞納が発生し、債権確保のために担保を徴取した場合に、その担保にかかる租税が納付されないときは提供された担保を処分し、その代金を税に充当することとなる。金銭担保は直接税に充当し、その他の担保は滞納処分の例により処分して、税あるいは滞納処分費に充てることになる。担保が処分できるのは、次の要件のいずれかに該当する場合である。

(1)　担保処分の要件

ア　徴収猶予・換価猶予した税がその猶予期限までに納付されないとき

イ　徴収猶予・換価猶予が取り消されたとき

(2)　担保の処分手続き等

一般的な処分手続きとしては、たとえば、担保として不動産に抵当権を設定した場合には、滞納処分の例により不動産を差し押さえ、公売手続きを進めることになる。

次に、第三者の所有している財産に抵当権を設定した場合、または抵当権の設定後にその所有権が滞納者から第三者に移転された場合など、その財産が滞納者以外の者に帰属しているときの差押えは、差押え時の登記名義人を登記義務者として行うことになる。

人的担保である保証人から徴収するときは、おおむね第二次納税義務者から徴収する手続きと同様である。まず、保証人に対して納付させる金額、期限、納付場所、その他必要事項を記載した納付通知書により告知をしなければならない。なお、納付通知書に記載する納付期限は「通知書を発する日の翌日から起算して一月を経過する日」である。

保証人が告知により納付すれば、保証人からの徴収手続きは完了するが、納付期限までに納付しないときは、納付催告書により督促する。この督促は、督促状と同様に納付期限から二〇日以内に発する。保証人に対する滞納処分は、滞納者に対して滞納処分をしてもなお徴収不足が生じ、担保を処分しても完納させることができないと認められ、かつ、保証人が納付期限までにその納付すべき金額を完納しないときに、はじめてすることができる。

不足があると認められるときとは、保証人に対して滞納処分を執行しようとする時点で、滞納者の財産を処分しても滞納額総額に満たないと認められることをいい、判定に当たっては、実際に滞納処分を執行する必要はない。

保証人に対する差押えは、その納付催告書を発した日から起算して一〇日を経過した日までに完納しないときに執行することになる。なお、繰上徴収をするときには、督促することなく保証人の財産を差し押さえることができる。

次に、保証人の財産を換価する場合の制限であるが、本来の滞納者の財産を換価した後でなければ、保証人の財産を換価することはできないとされている。また、保証人が告知・督促等の滞納処分に対して不服申立てをしているときは、その不服申立てについての決定・裁決がされるまでの間は、原則として、換価することはできない。なお、滞納処分についての訴訟継続中は、同様に換価することはできない。しかし、換価対象財産の価格が著しく減少する恐れがあるとき、または多額の保存費を要するときは、この換価制限の規定の適用はないものとして取り扱われている。

本来の納税者に対する猶予等と保証人の関係は、次のように取り扱うこととされている。

滞納者に対して徴収猶予している期間は、保証人に対して納付通知書、納付催告書を発し、または滞納処分をすることはできない。しかし、保証人に対する猶予は滞納者には及ばない。なお、滞納者に対して換価猶予しても、その保証人に対して納付通知書、納付催告書を発し、滞納処分することは妨げない。差押処分は滞納者の財産を処分する前に保証人の財産を差し押さえても差し支えない。

滞納者の納税義務の履行、保証人の保証債務の履行は、その履行の範囲内でお互いの義務が消滅する。滞納者に対する納税義務の免除は保証人に及ぶが、保証人に対する免除は滞納者には及ばない。時効、滞納処分の停止においても、同じ取扱いがされている。

(3) 担保の解除

担保を徴取しているときに、次の事由が生じたときには、担保を解除しなければばならない。
ア　税が納付または換価代金の充当等により完納となった場合
イ　担保を変更するときに、新たな担保を提供したとき
ウ　減額により滞納額が少額になり、あるいはその後の状況の変化により徴収猶予が認められたとき
エ　その他の理由により担保を引き続き徴取する必要がなくなったとき

担保の解除は、担保提供者に書面で解除通知を交付することによって行う。なお、担保の解除をしたときは、次のような措置をしなければならない。

担保提供者に担保を返還する場合には担保受領書を徴し、これと引換えに担保物を返還するものとされている。担保が人的担保（保証人）のときは、配達証明などの方法により納税保証書等を滞納者に返還し担保受領書に代えることとしている。

担保が国債、地方債、社債、金銭等の場合には、供託書正本等に供託原因消滅証明書を添付して返還する。

担保が土地、建物等不動産、自動車等の場合には、抵当権の抹消登記等を法務

局等に嘱託する。実務的な取扱いとして、担保解除通知は、抵当権の抹消登記を確認してから行う。なお、担保物に付されている保険に質権を設定している場合には、担保原因消滅証明書を交付する。

第11章　納税の猶予制度

賦課した税（料）が納期限までに納付されないと、それから二〇日以内に督促状を発し、更に一〇日経過日までに納付されないときは滞納処分により徴収するのが原則である。しかし、滞納者に対する納税催告を通して、滞納者の個々の事情を知ると必ずしも差押え、換価による徴収が妥当でない場合がある。このような場合に、行政として弱者に手を差し延べる手段として納税の猶予制度が活用される。

納税の猶予は、一般的徴収猶予と税目別に規定する個別の徴収猶予、換価猶予と滞納者の資力の回復を待って徴収する滞納処分の停止の四つに分類される。実務上行われている事実上の猶予は、ここでいう猶予とは異なり、猶予の法的効力は発生しない。よって、新たな滞納処分等をすることができる。

1　徴収猶予

徴収猶予には、一般的な徴収猶予と個別税目ごとの徴収猶予がある。

個別税目ごとの徴収猶予は、たとえば、法人住民税の分割法人のように二千円未満の小額申告の場合、その後に到来する納期限まで徴収を猶予しようとするものや、不動産取得税のように減額等の一定の要件に該当するかどうか確認する間を徴収猶予とするものなどがある。滞納整理上はあまり問題にならない部分であり、説明を省略したい。

一般的な徴収猶了としては、地方税法第一五条第一項で納税者の納付能力が低下した場合の徴収猶予を規定し、第二項で行政側が法定納期限から一年を経過した後に徴収金を確定させた場合の徴収猶予を規定している。

滞納整理では、第一項の徴収猶予がほとんどであり、同項を説明する。

(1) 徴収猶予の要件

滞納者が次のア～オの事実に該当する場合において、その該当する事実に基づき、徴収金を一時に納付できないと認めるときは、納付できないと認められる金額を限度として、納税者の申請に基づき、一年以内の期間で徴収を猶予することができる。

この場合に、猶予した期間内に適宜分割納付させることができる。

ア　納税者がその財産につき、震災、風水害、火災その他の災害を受け、または盗難にかかったとき

イ　納税者もしくは納税者と生計を一にする親族が病気にかかり、または負傷したとき

ウ　納税者が事業を廃止し、または休止したとき

エ　納税者がその事業で著しい損失を受けたとき

オ　アからエに類する事実があったとき

なお、この要件を適用するに当たっては、次のことに留意する必要がある。

この規定の納税者には、第二次納税義務者及び保証人が含まれるが、住民税を特別徴収で徴収される納税者は含まれない。

アの「その他の災害」とは、落雷、なだれ、地滑り、冷害等の天災による災害で、納税者等の財産に損害を与えた場合である。

イの「生計を一にする親族」とは、配偶者、六親等以内の血族及び三親等以内の姻族であって、生計費を共通にしているものをいう。単身赴任している夫または妻、下宿しているが親に扶養されている学生は、生計を一にしていることにな

る。同居していても、お互いに独立して生計を維持しているときは、生計を一にしていることにはならない。

ウの「事業を廃止し、または休止したとき」とは、法令の規定によりやむを得ず休廃業し、または任意に休廃業した場合のほか、転業も含まれる。

エの「著しい損失」とは、損失を回復するまでに相当の期間を要すると認められる程度の損失をいう。

オの「アからエに類する事実」とは、交通事故その他の原因により納税義務者の財産に損失が生じた場合とか、納税者及び納税者の親族等と特殊関係にある者の医療費等を納税者が負担しなければならないとき、納税者の取引先の倒産等により債権回収が困難になったとき等が想定されている。

(2) 徴収猶予すべき金額

徴収を猶予することができる金額は、徴収猶予の要件に基因して、納税者が一時に納付することができないと認められる金額である。具体的には、徴収猶予の要件に該当した場合、納税者の納付能力を調査し、現在納付することができると認められる金額を徴収金額から控除した残額をいう。

(3) 徴収猶予の申請

徴収猶予は納税者からの申請を前提としているが、納税者は往々にして徴収猶予制度の存在を知らないことがある。滞納者との納税折衝等を通して、徴収猶予に該当すると認められたときは積極的に教示すべきである。これが徴収に携わる者の本当の親切である。

徴収猶予の申請の形式は特に定められていないので口頭でも差し支えない。しかし、実務的には、正確な処理を期するため文書で申請させている。この申請書には、①申請者の住所、氏名、②滞納金の課税年度、税目及び金額、③徴収猶予を受けようとする税額、④分割納付する場合の金額と期日、⑤担保の種類、所在等担保の明細を記載させている。

(4) 徴収猶予の期間

徴収猶予の期間は、原則として、一年以内である。納税者の納付能力を検討して、事業の継続、または生活の維持に著しい支障を与えず、かつ、租税を優先して納めることとした場合の最短期間で定めることになる。猶予期間の始期は、原則として、申請書に記載された始期をその日とし、記載がない場合には申請書提出の日を始期とする。ただし、これらの日によることが適当でないと認めるときは、適当と認める日を始期とする。

なお、一年以内の猶予期間にやむを得ない理由によって、猶予した金額を納付することができないと認めるときは、更に一年間延長することができる。ただし、その期間は合計で二年間を超えることができない。

延長申請の方法は、当初の申請と同じであるが、徴収猶予期間中にされることを前提要件としているので注意を要する。

(5) 徴収猶予の通知

徴収猶予の申請があったときは、速やかにその可否について決定し、申請者に通知しなければならない。この通知は、原則として、書面で行うことになっている。なお、この決定を行うまでは、督促または滞納処分を控えることが適当である。

(6) 徴収猶予の効果

ア　督促及び滞納処分の制限
徴収猶予を認めた場合、徴収猶予期間中は、その猶予に係る徴収金に対する新たな督促及び滞納処分（交付要求を除く）をすることはできない。更に、猶予に係る徴収金について、差し押さえた財産があるときは、納税者の申請により、差押えを解除することができる。ただし、差し押さえた財産が有価証券、債権、無体財産権等の場合には、第三債務者等から給付を受けた金銭を徴収金に充当し、金銭以外の財産の場合には、その財産を差し押さえ、その換価代金を充当することができる。

なお、徴収猶予申請書が提出されると税の時効は中断し、徴収猶予期間中は消滅時効は進行しない。

イ　徴収猶予と延滞金

徴収猶予にかかる延滞金については、災害や病気の場合は全額、その他の理由による徴収猶予は、年一四・六％で計算する部分の二分の一は義務的に免除し、残金については事情により裁量で免除することができる。

なお、分納不履行の場合は、不履行となった日以後の期間に対応する部分の金額については免除しないことができるものである。

(7) 徴収猶予の取消し

ア　徴収猶予の取消し事由

徴収猶予を認めた場合でも、次の場合には、その徴収猶予を取り消し、直ちに徴収することになる。かなり厳しい規定なので本質を良く理解していただきたい。

徴収猶予では、その猶予期間中に分割納付することが一般的である。納付額、期間等は本人との話し合い等で決定している。この①納付計画が不履行になった場合が第一の取り消し事由である。次に、②徴収猶予に必要な担保の提供その他担保を確保するために必要な行為に関する求めに応じないとき、更に③他の債権者が滞納者の財産に強制執行する等繰上徴収に該当する事実があるとき、④猶予を受けた者の財産の状況、その他事情の変化により猶予を継続することが不適当と認められるときは猶予を取り消すことができる。「財産の状況、その他事情の変化により」とは、まず、財産状況の変化では、徴収猶予に係る金額の納付見込みがなくなる程度の資力の喪失、または支払い能力の回復による納付困難金額の減少をいい、その他事情の変化とは、新たに滞納が生じる等既存の徴収猶予を継続することが不適当になるような場合である。要するに待っていたら徴収できなくなる、あるいは待つ必要がないと判断したら、直ちに徴収するということである。特に、徴収猶予は、猶予した以後は新規の滞納を発生させないことを前提としていることをはっきりと認識すべきである。

イ　弁明の聴取

繰上徴収の場合を除いて、徴収猶予を取り消す場合には、あらかじめ、徴収の猶予を受けた者の弁明を聴かなければならない。ただし、その者が正当な理由がなく弁明をしないときは、この限りではない。弁明とは、取消しの事由に至った事情についての説明をいい「正当な理由がなく弁明しないとき」とは、弁明につき、天災等本人の責に帰すことのできない理由その他やむを得ない理由がないのに弁明をしない場合をいう。

ウ　取消し通知

徴収猶予を取り消した場合も、その旨を納税者に書面で通知しなければならない。

徴収猶予の取消しは、将来に向かって徴収猶予処分を撤回するものだから取消しの効果は、その取消し処分後について効力を生じる。したがって、取消し時までの延滞金については免除すべき理由があれば、免除することができる。

地方団体は、猶予を取り消した場合には、その猶予に係る徴収金を一時に徴収することができる。「一時に徴収する」とは、分割納付を認めた場合において、その分割納付に係る期限が未到来であっても期限の利益を剥奪《はくだつ》して、直ちに猶予に係る徴収金を徴収することをいう。

2　換価猶予

滞納処分により滞納者の財産を差し押さえた場合に、実務上、直ちに換価する事例は少なく、滞納者から担保を取った状態になる。しかし、その後においても滞納税の納付がなければ、当然、差押財産を換価してその収入化を図ることになる。こうした過程においても、一定の要件を満たせば、換価を猶予し、分割納付も認めるというのがこの制度である。

(1)　換価猶予の要件

換価猶予の要件は、まず、前提条件として、滞納者が納税について誠実な意思を有すると認められることである。この前提条件が成立しないと、次の要件に該当しても、換価猶予は認められない。

ア　財産の換価を直ちにすることにより、その事業の継続または生活の維持を困難にする恐れがあるとき

イ　財産の換価を猶予することが、直ちに換価することに比べて、滞納税及び最近において納付することとなる税の徴収上有利であると認められるとき

「納税について誠実な意思を有する」とは、滞納者が、滞納税を優先的に納付しなければならないと認識していることをいう。

アの「その事業の継続または生活の維持を困難にする恐れがあるとき」とは、①滞納者の財産をすべて換価しなければならないとき、②事業の継続あるいは生活の維持に必要と認められる財産以外の財産の換価処分のみでは、滞納額すべてを徴収することができないと認められるときである。

イの「徴収上有利」とは、①すべての財産に滞納処分を執行したとしても、滞納額全額を徴収することができないと認められ、換価猶予した場合にその猶予期間中に新たな滞納を発生させることなく、全額を徴収できると認められるとき、

②換価すべき財産の形状、用途、所在等の関係で換価するには相当の期間を要すると認められる場合で、猶予することで滞納額と猶予期間中に納付すべきこととなる税の徴収上有利であると認められるとき、③滞納額を直ちに徴収できる場合であっても、滞納額と今後発生する税の総額で考えた場合、猶予することが徴収上有利と認められるときである。

換価猶予は、滞納者の財産を差し押さえることにより、事業の継続あるいは生活の維持を困難にする恐れがあるときには、その差押えを猶予して換価猶予をすることができる。しかし、猶予中であってもその恐れがなくなった場合は、財産を差し押さえることができる。本来、換価猶予は差押え中の財産の換価を猶予するものであり、差し押さえることは差し支えないからである。

換価猶予中の第三債務者等からの徴収については、差押財産の天然果実または第三債務者から受領した財産が金銭以外のものである場合には、その財産に対して滞納処分を執行し、換価代金を猶予している滞納金に充当する。受領した財産が金銭の場合には、規定に従い充当する。

(2) 換価猶予の期間

換価猶予の期間は、原則として一年間で、状況により一年間の延長が認められる。

(3) 換価猶予の効果

必要と認める場合には財産の差押えを猶予し、または解除することができる。

(4) 換価猶予と分割納付等

換価猶予に係る分割納付等については、その猶予に係る金額を適宜分割し、その分割した金額ごとに猶予期間を定めることができる。担保については、猶予金額が五〇万円超で担保を取ることができない特別の事情がある場合を除き、猶予金額に相当する担保を取らなければならない。なお、納付受託することにより、担保の提供があったものとみなすことがある。

時効との関係においては、換価猶予期間中は徴収権の消滅時効は進行しない。

換価猶予期間中の延滞金は、年一四・六％の割合で計算される期間に対応する部分の金額の二分の一に相当する金額が免除される。残余の延滞金についても猶予期間に係るもので、一定の事由に該当する場合には、納付が困難と認められる金額を限度として、これを裁量で免除することができる。

(5) 換価猶予の取消し

換価猶予の取消しについては、①猶予期間中に他の債権者から強制執行を受ける等繰上徴収に該当する事実がある場合に、滞納金額を猶予期間中に全額納付することができないと認められるとき、②約束した分納計画を履行しないとき、③担保の変更等に応じないとき、④猶予を継続することが適当でないと認められるときに取り消すことができる。

④の「猶予を継続することが適当と認められないとき」とは、財産の状況が変化し、猶予期間中に全額を徴収できないと認められるほど資力を失ったとき、また猶予する必要がなくなるほど資力が好転したとき等をいう。

換価猶予は行政側が職権により行うものであり、新たな滞納が発生するなど取り消すべき事実が生じれば取り消すのが当然と私は考えている。取り消した場合には滞納者等に通知することにより、換価処分を再開することができる。

3 滞納処分の停止

滞納者の財産調査を徹底して行った結果、滞納者に全く財産がなかったり、財産があってもその財産を差し押さえられたら、滞納者が直ちに生活困窮に陥る恐れがある場合や、滞納者及びその財産共に所在が不明であることがある。こうしたケースでは滞納処分の停止という処理をすべきである。このことについて、各市町村の実態等を含めてもう少し詳しく述べてみたい。

国保税（料）の徴収の場合、ほとんどの地方団体が、任意納付主体の仕事を進めており、料では二年間、税では五年間納付されないと債権は時効により消滅してしまう。滞納者に納付意思がないと、積極的な財産調査や滞納処分をすることなく放置して、時効を待っているのが実態である。放置することなく、積極的な財産調査や滞納処分を行い、その結果、もし徴収できないと判断されたなら、停止処理すべきである。税においては、特にそうすべきである。なぜならば、停止処分すれば三年間で納付義務は、消滅するからである。不良債権を放置しておくことは収納率低下の一因であり、また、債権管理上からも好ましいことではない。徴収すべきものは徴収し、放棄すべきものは放棄するというメリハリのある仕事をすることが必要である。事務量の問題があるのであれば、一括決裁等、事務の簡素効率化策も検討すべきである。そこで、滞納処分の停止の要件、効果、その他必要事項を説明したい。

(1) 滞納処分停止の要件

滞納処分停止の要件は、次のとおりである。

ア　差押処分等をすべき、価値ある財産がないとき

この場合、既に差押処分等をしている財産を公売しても配当見込みのない場合及び表見財産について差押え、換価が終了している場合も含む。

イ　滞納処分を執行することにより、滞納者が生活困窮に陥る恐れがあるとき

生活困窮とは、結果的に生活保護法の適用を受けなければ、生活できなくなるような程度の状況をいう。

ウ　滞納者の所在及び滞納処分ができる財産が共に不明のとき

所在が不明であるとは、住民登録、近親者、友人、家主、元の勤務先等相当の調査をしても所在が判明しない場合をいう。また、財産が不明であるとは、一般的財産（動産、不動産、債権等）の有無が不明なだけでなく、第二次納税

義務、債権者代位権の行使等あらゆる徴収方法から検討しても、滞納処分すべき財産等が判明しない場合をいう。

(2) 滞納処分停止の効果

滞納処分停止の効果は、次のとおりである。

ア　差押えの制限と解除

滞納処分の停止をした場合、停止期間中は、停止にかかる徴収金につき新たな財産の差押えはできない。また、生活困窮を理由に停止をした場合には、差し押さえている財産は、差押えを解除しなければならない。

イ　納付義務の消滅

滞納処分停止が三年間継続したときは、停止にかかる徴収金の納付義務は消滅する。

ウ　延滞金の免除

滞納処分停止期間中の延滞金は、免除される。

(3) 滞納処分停止の手続き

滞納処分を停止したときには、原則として、その旨を書面により滞納者に通知しなければならない。滞納者の所在が不明の場合には、通知書の公示送達を省略することができる。

(4) 納付義務の即時消滅

無財産を理由に滞納処分の停止をした場合において、その徴収金が限定承認にかかるものであるときその他その徴収金を徴収できないことが明らかであるときは、納付義務を直ちに消滅させることができる。

(5) 職権による滞納処分停止

滞納処分停止の要件に合致した場合には、徴税吏員は、自らの判断で職権により停止処分することができる。

(6) 交付要求または参加差押え

滞納処分停止中であっても、交付要求及び参加差押えはすることができる。

(7) 任意納付及び受入金

滞納者等が任意で滞納処分停止中の徴収金を納付したとき、あるいは過誤納金または交付要求にかかる受入金は、停止中の徴収金に充てることができる。

任意納付があった場合、消滅時効が中断するので、注意を要する。

(8) 滞納金額の一部の滞納処分停止

滞納金額のうち、一部だけ債権確保がされているが、この取立てに長期間を要する場合に取立可能金額を除いて、残額を滞納処分の停止にすることができる。

(9) 消滅時効

滞納処分停止中であっても、徴収金の消滅時効は進行する。消滅時効が完成すれば徴収金の納付義務は消滅する。

(10) 滞納処分停止の取消し

滞納処分停止中に停止要件が消滅したときには、停止を取り消さなければならない。ただし、他の停止要件に該当する場合には取り消さない。

取消しは、停止処分を将来に向けて取り消すものであり、取消しの効力は、停止の始期までさかのぼることはない。したがって、過去に行われた処分停止は有効である。

(11) 滞納処分停止期間中の資力回復等の調査

滞納処分の停止をした滞納者については、六カ月に一回程度資力の回復状況等の調査や所在調査を行い、停止処分を続行してよいかどうか判断する必要がある。

☆コラム☆

男性と女性、女性と男性

滞納者は、男性と女性でどちらが多いかというと、経験では男性が多い。それも、圧倒的に多いのである。

女性の社会進出が増えたといっても、女性の滞納者が増えたと言う話はあまり聞かない。

なぜだろうか。

一方で、周りを見てみると、徴税吏員は、男性が多い。これは、職員構成や過去からの経験からそうなっていると思われる。滞納整理の仕事は、女性には不向きと思われていた面もあるのかもしれない。

一昔前にマルサの女という脱税の査察に当たる女性査察官の映画がヒットしたことがある。これも、査察官の多くは男性で、女性はめずらしいということが、良く見られた理由の一つには、あったかと思う。女性のトラック運転手やタクシードライバーを見かけると、思わず注目してしまうし、新幹線に女性運転手が誕生し、新聞に載った。

これらも、めずらしいから注目し、記事になるのである。

ところで、最近、女性に注目していることがある。それは、他ならぬ滞納整理でのことである。

大量に発生する税目で、納税課の職員だけでは手が回らず、所全員で全員滞納整理を実施しているが、女性職員の検討振りが目立つのである。それも、徴収の仕事をしたことのない人や、税務職になったばかりの人がである。

課長にその理由を聞いてみたが、理由はわからないが、連絡さえつけば納付に結びつくことが多いのは確かということである。

説得がうまいのだろうか。

女性職員に督促されたのでは、仕方ないと多くの男性滞納者が納めてしまうのだろうか。

恐らく……。

狐につままれたような気持ちと言っては、恐らく「失礼ですよ」とイエローカードを頂くことになるだろう。

確かに、徴収一件完結の結果は、努力の賜物である。

というわけで、女性徴税吏員大歓迎である。

第12章　納付受託

1　納付の委託とは

納付の委託とは、徴税吏員が納税者から約束手形や先日付小切手等を預かり、これを金融機関を通して現金化し（徴税吏員自ら行うことも可能）、徴収金に充てる仕組みである。

徴税吏員サイドから言えば、納付の受託である。

地方団体の徴収金は、特に明文の規定はないが、金銭（本邦通貨）による納付を基本とし、証紙と一部の証券（持参人払式又は出納長（収入役）等を受取人とする小切手や郵便振替払い出し証書等）に限って認められている。

つまり、地方自治法では、商取引で広く使用されている約束手形や先日付小切手による税の納付は認めていない。

これを可能にしているのが、納付の受託の仕組みである。

金融機関と当座預金取引のある会社や商工業者は、約束手形や先日付小切手による取引を行っており、徴税吏員は、税の徴収（納付）に当たり、積極的にその提供を求め、決済の確実な約束手形や先日付小切手の提供は、担保の提供とみなされることなどを知らしめ、併せて換価猶予制度などの制度に乗せて延滞金を節減させ、分割納付を促すなど、納付受託の仕組みを活用し、収入化の促進に努めたいものである。

2　受託可能な約束手形等

徴税吏員は、納税者から委託される約束手形等が、最近において確実に取り立てることができるものに限り受託できることになっている。

約束手形等は、ひとたび振り出せば、必ず決済しない限り、振出人は信用を失う。決済ができずに取戻しを頼めば、不渡りほどではないにしても経営状態が危ないと見られてしまう。

このようなことから、商取引に根ざした約束手形等は、ほとんどの場合、安全と判断して良いが、支払期日が六カ月を超えるものや、支払地が遠方のものなどについては、支払人が最近において不渡り事故を起こしていないか、経営・信用不安はないか、取引金融機関に確認するなどして、確実に取り立てることができるかどうかを判断する必要がある。

通常、納付受託する有価証券としては、約束手形、為替手形及び先日付小切手があげられる。

(1) 約束手形

約束手形は、納税者（振出人）が所長等（受取人）に対して、一定の期日に未納徴収金を支払うことを約束した文書である。

文書と言っても何でも良いと言うことではない。この文書に当たる約束手形等の用紙は、悪質な不渡手形をなくし、信用の維持を図るため、全国銀行協会連合会が統一フォームを制定しており、銀行が振出人に交付したもの以外は、取り扱わないことになっている。

約束手形に必ず記載しなければならない項目は、次の項目である。

ア　約束手形であること及び支払いを約束する文言

イ　支払金額

ウ　受取人の名前
エ　支払期日
オ　振り出し地及び振り出し年月日
カ　支払地
キ　支払人の署名（記名）・捺印

アからカの項目は、手形用紙に印刷してあるが、受け取るときにはキも含めて、これらが明瞭に記載されているか確認する。

なお、支払金額が訂正されているものは、銀行に取り扱いを断られる場合がある。金額の改ざんを防ぐため、チェックライターで¥10、000※のように打刻したもの、あるいは、手書きの場合は、算用数字は使用せず、漢数字（壱、弐、参、拾、百、千、万等）を用い、前後と字間に数字を挿入できないように記載されているか確認のうえ受領する。

様式、記載項目及び確認事項は、次の(2)の為替手形及び(3)の先日付小切手もほぼ同様である。

(2) 為替手形

為替手形は、振出人が別の者（引受人）に支払いを委頼して受取人（納税者）に渡した手形である。

約束手形が振出人と支払人が同一であるのに対して、為替手形は別人である。したがって、為替手形の確実性は、引受人について検討することになる。

(3) 先日付小切手

小切手は、振出人が金銭の支払いを銀行に代行させるために、振り出すもので、取引の都度、現金を受け渡しする煩《わずら》わしさや、危険を回避するために即時の支払いの手段として利用されている。

先日付小切手は、小切手の振出年月日を、先日付つまり、約束手形や為替手形の支払期日とすることにより、本来即時払いの手段として利用されている小切手を約束手形や為替手形と同様に機能させ、徴収するものである。

小切手は満期がなく、振出年月日がいつであろうと金融機関に提示すれば支払いが受けられるが、納税者と約束した支払期日に提示するよう管理する必要がある。

3　納付受託の手続き

納税者から納付の委託を受けた場合、徴税吏員は、地方税法施行規則第一号の二様式の納付（納入）受託証書に必要な事項を記載し、納税者に交付する。

なお、提供された約束手形等の取立ては、通常、金融機関に再委託して行うが、その際の取立手数料及び取立費用は、別途納税者に提供させ、取立費用欄に記載する。取立手数料及び取立費用の領収証は、発行する必要はなく、取立費用欄に記載することをもって足るものである。

4　手形と依頼返却

納付受託している手形について、依頼返却を要求されることがよくある。何の考えもなく安易に滞納者の要求に応じている事例をよく見受ける。最悪のケースでは、何年も依頼返却を繰り返し、挙げ句の果てに滞納者が倒産し、不良債権化し、収納できないといった事態が生じている。これなども無責任体質から生じる事例である。

手形を切ったら、支払い期日に決済するのは商取引の基本的なルールである。余程のことがなければジャンプを依頼することはない。どうしてかというと、ジャンプを依頼すると取引先に信用を失うことになり、その後の取引に悪影響を及ぼすことになるからである。なお、依頼に応じる場合には、確実な担保を要求するのは商取引の常道である。こうした状況なので、まず、地方団体にジャンプを依頼してくるのである。

それでは、ジャンプの依頼にどのように対応すべきなのだろうか。原則的には、期日には決済させることである。安易に応じるべきではない。応じる場合には、まず、ジャンプしなければならない理由を確認し、やむを得ない期間と金額のジャンプに応じることになる。この場合、期間については、前回の期間よりも短い期間を設定することが望ましい。金額は、半額を納付させ半額をジャンプするといった取扱いをしている。なお、倒産などの恐れがある場合には、滞納額に見合う確実な担保を取る等、債権を確保することが必要である。

事例　手形のジャンプ要求に対する対応

この事例は不動産取得税五千万円滞納のケースである。この滞納者は、有名な悪質滞納者であり、例のイトマン事件の関係者で、一筋縄で解決できる相手ではない。H市に豪華な別荘を取得し、その不動産取得税のうち、端数だけを支払い、残金五千万円を滞納していたものである。滞納額については、手形を切ってはいるものの、支払い期日になるとジャンプを申し出て、全く納付されない状況であった。ジャンプは相手の要求どおり安易な処理がなされていた。私が赴任して、そのような状況を把握したので、今後は安易にジャンプに応じないよう担当者に指示した。

以前と同じように、決済日の前日になって滞納者からジャンプの申し出が電話でなされた。担当者は事前に私から強い指示を受けていたので、今回はジャンプできないと主張した。滞納者は、会社を潰すつもりか、払わないとは言っていない、手形を入れているではないかと理不尽なことをクドクドと申し立てた。あるときは懇願し、あるときは大声で脅迫して自分の考えを押し通そうとした。しかし担当者は、毅然と今回は要求に応じられないと断った。最終的には、半分納付すれば半分ジャンプに応じると妥協案を出したが、今までの悪い経緯もあり、滞納者はあくまでも全額のジャンプを要求した。最終的に担当者と滞納者との折衝は決裂した。滞納者は「責任者を出せ」と最後の手段に出た。担当者からの連絡により私が対応することにした。

「課長の……でございますが」と電話に出ると「俺はAだ、知っているだろう」と言うので「どちらのAさんですか」とからかってみた。「てめえ俺を知らないのか」というので「失礼しました、滞納者のAさんですね」というと「滞納者とは何事だ」というので「滞納していないのですか」「滞納はしている」「それでは滞納者で間違いないですね」というと「なんでもいいから手形をジャンプしてくれ」との申し出なので担当者が説明したとおりできないと強く拒絶したため、滞納者は「覚悟しておけ」と捨てゼリフを言って電話を切った。その後、顧問弁護士から電話があり、次は間違いなく決済するので今回はジャンプしてほしい旨、申し出がなされた。弁護士に「本当に間違いないのですね！」と聞いたところ「本当に間違いありません」と言うので「間違いないのなら先生が個人保証できますね」と念を入れたら、一瞬考えていたが、できるとの回答を得たので顧問弁護士の個人保証を条件にジャンプを認めた。このくらい厳しい対応をしないと納付受託は形だけの債権確保になりかねない。

☆コラム☆

滞納ということ

滞納にもいろいろある。ついうっかり忘れていてということもある。これが、本当かどうかは、納付書を送れば直ぐにわかる。

税金がこんなに来るなんて、知らなかった。一時には納付できない。これも毎度のことでない限り、わかる。特に、収入がきまりきったサラリーマンの場合などによくある。分割納付の相談に応じるとよい。

失業や病気、これは、生活を維持していく上で、ピンチである。余ほどの金持ちでない限り、徴収を猶予したり、分割納付の相談に応じる。税は、むやみやたらに徴収するだけのものではないことを理解してもらえる良いチャンスでもある。

中には、課税そのものに不服があって、納税を拒む結果の滞納もある。不服の内容をよく聴き、課税の当否を判断する必要がある。

以上のような滞納は、滞納しているその人を滞納者と呼ぶよりも納税者と呼ぶほうが無難な気がするが、どうだろうか。

もちろん、納期内に納税しない人は滞納者であると言う主張も、理屈としてはわかるが、人にはそれぞれ事情があることも考えると、少し酷な気がする。

それでは、本当に滞納者と呼ぶべきは、どんなケースであろうか。

私は、滞納者と呼ぶべき条件は二つだと考えている。

一つは、税金を納めるという意思のない人である。この範疇には、納期を無視し、出来るだけ納税を先延ばししようとするずるい人も入る。

もう一つは、納税する資力（収入）や財産のある人である。この範疇には、申告をしなかったり、財産を、例えば家族名義にするなどして隠したりしている人も入る。

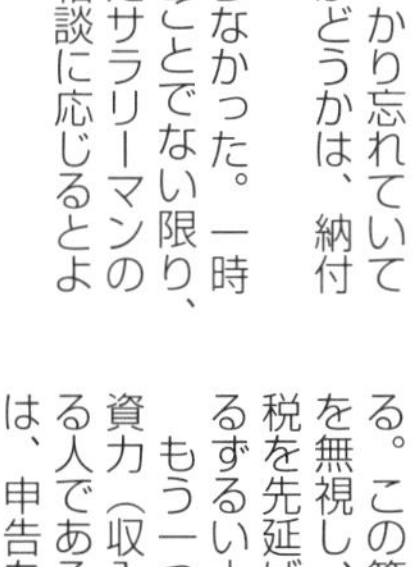

こういう人と納税折衝をしても、埒があかない。徹底した資力、財産調査をして一番痛いところを見つけて、差し押さえるしかない。

納税折衝では、出来るだけ早く、納税者と呼ぶほうが無難な人と、差し押さえるしかない滞納者を見分けることを心がけてもらいたい。

納めるとも納めないともどちらかさえもはっきりしない中途半端な折衝、つまり、時々分納し、時々分納約束不履行のような踏み切れない状況を作り出している折衝では、滞納者がどうのこうのという前に、職務怠慢になると考えたほうがよい。徴税吏員は、自力執行権という伝家の宝刀を手挟んでいるのだから。

第13章　国民健康保険税（料）の時効について

時効とは、ある状態が一定期間続いた場合、たとえその状態が真実の権利関係とは違っていてもそれを認めようという制度で、権利を取得するのが取得時効、権利が消滅するのを消滅時効という。ここでは、国民健康保険税（料）の消滅時効について述べてみたい。

なぜ、このような時効制度が必要なのだろうか。主として次のような説明がなされている。

① ある状態が長い間続くと、人々は、それを正当なものと信頼し、その上に種々の法律関係が築かれ、それを崩すことは社会の法律関係を不安定なものにする。

② 時が経過すると事実関係を証明することが困難になる。

③ 権利の上にアグラをかいているような者は、保護に値しない。

法律を学んだ方ならご存じの名著『権利のための闘争』（イェーリング著）に次

のような名言がある。「権利＝法の目標は平和であり、そのための手段は闘争である」。また、「世界中のすべての権利―法は戦い取られたものである」とも言っている。かなり過激な主張ではあるが、多くの人々の支持を受けている考え方である。この著書にカントの次のような一句も紹介されている。「みずから虫けらになる者は、あとで踏みつけられても文句は言えない」。

要するに、権利を主張しない者の権利は守る必要がないということである。こうした考え方が民法にも取り入れられている。これが時効の援用である。

民法一四五条に、「時効は時効を取得した者が主張（援用）しなければ、裁判所はその権利が存在するものとして裁判を行う」と規定している。裁判所は時効の成立を承知していても、そのことを主張（援用）しない限り、時効を認めないということである。

次に、時効の援用とは反対に、時効の利益は放棄できるかという問題がある。なんの権利もないのに、時間の経過だけで利益を取得することを潔《いさぎよ》しとしない人もいる。こうした人が利益を放棄することが可能か、また、どの時点でできるかということである。結論から申し上げると、時効の利益は、時効完成後に放棄することができる。ただし、時効完成前に放棄することはできない。

時効が完成すると、所有権が移転したり、債権が消滅したりする。そこで、時効の進行を中断させる手段がある。

① 権利の主張がなされたとき（請求＝督促、催告）

② 差押え等の処分がなされたとき

③ 相手方が権利者に対して権利の存在を認めたとき（承認＝納付誓約、分納）

①の請求については、時効は一度中断するが、その後六カ月以内に更に差押え等の処分をしなければ、時効は当初から中断がなかったことになる。②の差押えについては、差押えが取り消された場合には、当初から中断がなかったことになり、解除の場合には、そこから新たに時効が進行する。③の承認は、それだけで時効中断の効果が生じる。なお、一度時効が中断すると、それまで進行してきた時効期間は無効になり、中断理由が解消すると、そこからまた新たに時効が進行する。

債権その他の財産権の時効の主なものを上げると、次のようになる。

六カ月＝小切手所持人の振出人や裏書人に対する請求権等

一　年＝宿泊料、手間賃、芸人の謝礼金、旅客運賃等

二　年＝小売り人等の売却代金、謝礼金、月謝、弁護士の報酬
三　年＝医師等の費用、交通事故等の損害賠償、一切の慰謝料
五　年＝商売上の賃借金、立替金、保証、税金その他地方団体の債権
一〇年＝個人間の賃借金、労働者の退職金、確定判決に基づく請求権
二〇年＝所有権以外の財産権、他人の物であることを知っているときの取得時効

ここまでは、時効の一般論について述べてきた。これを国民健康保険税（料）に限定して考えると次のような相違がある。

まず、国民健康保険税（料）の徴収権の時効期間は税が五年で、料は二年である。

なお、国民健康保険税の時効の起算日は、法定納期限（納期を分割している場合は第一回目の納期）の翌日、国民健康保険料は、納期限の翌日（納期を分けている場合は、各納期ごとの翌日＝各納期ごとに起算日が異なることになる）であることに注意したい。

次に、時効の援用と利益の放棄の取扱いであるが、地方自治法第二三六条第二項で「金銭の給付を目的とする普通地方公共団体の権利の時効による消滅については、特別の場合を除き、時効の援用を要せず、また、その利益を放棄することはできな

いものとする」と規定している。

利益の放棄を禁じたために、時効の援用を必要とする理由を失ったため、金銭債権の消滅時効については、その援用を要しないとされたのである。要するに時効が完成した場合には、どんな事情があろうが不納欠損処理せざるを得ないのである。時効が成立した未納徴収金を徴収することは、二重の誤りを犯すことになる。

次に、時効の中断であるが、まず請求について考えてみると、税（料）において請求に当たるものは督促である。地方自治法では、督促に時効中断の効力を与えているが、期限までに債務が履行されないときには、時効は、指定された期限から進行するのではなく、督促した時から進行し、また、再督促は、時効中断の効力を有しないと解されている。

次に、債務の承認であるが、納税者が租税等債務を承認したときには、時効中断の効力がある。それまでに進行してきた時効期間は効力を失い、時効は新たに進行することとなる。

更に時効の進行をストップさせるものとして、時効の停止がある。今回のアメリカにおける同時多発テロのような事が起こると、時効の完成が間近に迫っていても権利者が時効を中断できない、あるいは著しく困難な場合がある。民法では法定代理人がいないとき、天災や事変があったとき等いくつかの場合を想定している。この時効の停止は一時的に進行が停止するだけでそれまで進行した時効期間は無効にならない。一定期間が経過すれば停止直前の状態に戻り、引き続き残りの部分の時効が進行する。

時効が完成したときには、時効の効力はその起算日にさかのぼる。消滅時効の効力として債権が消滅するのは時効期間満了の時であるが、その効力は時効期間開始の時にさかのぼるのである。したがって、消滅時効により納付義務を免れた者は時効期間中に生じた延滞金を支払う必要はない。

この度の衝撃的な同時多発テロに対する、アメリカやイギリスの毅然とした対応から感じられることは、当初に紹介した「法の目標は平和であり、そのための手段は闘争である」という言葉である。報復をすれば、一〇〇%更なるテロがあることを承知しながら必死の覚悟でテロを攻撃している。このことに対しては、色々なご意見があるだろう。しかしあれほどの惨事を無責任に引き起こした人達に攻撃のほかに責任を取らせる方法があるのだろうか。

それに比較することもないが、納付能力がありながら納付しない者に対する滞納処分、すれば反発があるだろうが、確信犯には毅然と法を執行し、強制的に取り立てることが必要であり、またそうすることが公平を維持し、住民の信託に応えることである。大事な財源をザルで水をすくうように不納欠損にしてはならないのである。

自分のスタイルと勘を持つ

当方は、にわか仕立ての徴税吏員、かたや年季の入った滞納者、これでは勝負も眼に見えたも同然とあきらめムードになるのも、分からないではない。

さあ、どうする。やるか退くか。

私は、常日頃から、滞納整理は3Kからと言っている。どんなに滞納が多かろうと、古い・困難・高額から手を付けよと言っている。このことが、他ならぬ、滞納の解消と一人前の徴税吏員へのたった一つの早道であるからだ。ある意味では、関所である。この関所を、勇気を持って通らないと一本立ちは出来ないばかりか、やがては滞納整理の仕事に背を向け、退くことになる。

まず、やるしかないと心に決めよう。

いきなり、百戦錬磨の滞納者に当たっても、勝負は眼に見えているから、作戦が必要になる。

なんであれ、何をどうしようという明確な意思・企画がないと物事は進まない。

そこで、最初に、過去の折衝記録と財産調査記録に、じっくりと、眼を通そう。

いかに、じっくりと見れるかが鍵になる。

そして、有効な折衝と財産調査をピックアップしてメモしよう。同じことを何回もやっていることは、効果がなかったのだから、無視しよう。

辻褄の合わないことや、中途半端なところは?マークをしよう。折衝・財産調査記録は、いくら長くても、A4一枚に纏めてみよう。ワンペーパーイズ ベストである。どんなに難しいことでも、全体を、一望できるように纏めるか、図式化できれば、作戦は立つ。

纏めたペーパーを、見ながら、チェックしてみよう。

チェックの視点は二つある。この二つは、鉄則と言ってもよい。この二つの側面から作戦を立てる。

一つは、滞納者との折衝の深みはどうだろうかと

☆コラム☆

いうことである。腰と腹を据えた折衝が、滞納整理の原点であり、これがないと進展しない。つまり、単に催促の繰り返しであれば、これでは、滞納整理は進展しない。

具体的には、①催促は、滞納者本人と面と向かってなされているか、家族や従業員への伝言依頼ばかりといったことはないのか、②期限を切った折衝がなされているか、③納付約束の不履行の繰り返しになっていないか、④滞納者の申し立ての裏は取れているのか等を見て、納税の意思が信頼できるものかどうかを判断することになる。これが、煮詰っていなければ、ここからやり直しになる。

きちんとした納付計画がない限り、これ以上、滞納を放置することはできないことをはっきり伝え、納付計画書の提出を求めよう。求めに応じなければ、粛々と滞納処分を行えばよい。

納付約束の不履行は、仏の顔も三度、三度が限度である。これを超えれば、滞納整理のクラッチを財産調査・滞納処分に切りかえる。

もう一つは、財産調査は、滞納者にとって一番痛い所を突いているかということである。

痛くも痒くもない財産調査では、こちらを向いては貰えない。

電話加入権は、妻名義、不動産はなし、預金は端数程度、所得税は不申告、こんなところが3Kつまり、滞納繰越分の平均的なところだろうか。

電話料金の支払人、支払方法を調べよう。新しい口座が見つかるかもしれない。不動産はなしになっているが、ひょっとして妻名義などになっているのかもしれないと想いを巡らそう。妻名義でも登記簿謄本を取り寄せてみよう。意外な事実を把握できるかもしれない。借家なら、契約関係、家賃の支払い状況、保証人などを調べよう。端数預金と言えども、最低三カ月の取引事跡を調べ、入金先、支払い先を見てみよう。取引関係がつかめるかもしれない。

以上のようなことを、繰り返し繰り返し、決してあきらめずに滞納整理に取り組んでいただきたい。

過去の折衝記録・財産調査記録のポイントを押さえ、この二つの視点から自分なりの作戦を立てれば、ケースバイケースの滞納整理も多様な展開が可能になり、やがては、実を結ぶことになる。

そして、その中から、自分の人となりに立脚した、自分なりのスタイルと勘を持った滞納整理を展開し、自信を深めていただきたい。

第14章　現状における問題点

私は、研修の講師として、各地を歩いているうちに差押処分等をするための条件があまりにも未整備であることを知らされた。市町村の職員の方は、「住民に近いから、差押処分ができない」と主張されるが、どうもそれ以前に色々な意味で体制が整っていないことにも理由があるようである。

まずは、徴税吏員の任命の問題である。次に、債権管理の問題、そして仕事の分担等の問題である。これらのことを解決しないと、差押えをするのは無理な地方団体が数多くあるようである。

1　徴税吏員の任命

徴税吏員については、地方税法第一条第三項で「徴税吏員とは、都道府県知事若しくはその委任を受けた道府県吏員又は市町村長若しくはその委任を受けた市町村吏員をいう」と規定されている。

ということは、知事か市町村長かそこに所属する正規の職員だけしか徴税吏員になれないということである。これは、徴税吏員のもつ職務権限の重大性を考慮し、一定の能力及び資格を有する者に限定したものである。

徴税吏員は、強力な権限を持つ一国一城の主である。それだけに、任命は慎重でなければならない。

ところが、こうした規定にかかわらず、職員を徴税吏員に任命していなかったり、一部役職者だけしか徴税吏員に任命していない、あるいは正規の職員以外の方に徴税吏員証を交付しているケースがある。これらはいずれも至急是正されるべきである。適法に徴税吏員が任命されていないと、それ以後の処理が適法に行われていたとしても、処分はすべて無効となり取り消さざるを得なくなる。

臨時徴収員は、当然徴税吏員に任命することはできないし、また、徴税吏員のように、財産調査をしたり、財産の差押え等の処分をすることができないことは、明らかである。

2　租税債権の管理

租税については、課税の時点から調定等の法定手続きを要求されている。債権管理がルーズであれば、職員による不祥事発生の温床となるし、納税者に対しても迅速な対応ができず、迷惑をかけることになる。

各地方団体によって、債権管理方法は様々ではあるが、徴収すべき債権は完全に管理されなければならない。各納税者別に課税年度、税目別、金額、納期限、督促状発送後一〇日経過日、納付（分納）額、折衝経過、処分状況等を正確に記録しておかなければならない。折衝経過等の記載は、担当者不在の場合、管理監督者が進行管理する場合、苦情の申立てがあった場合及び事務引き継ぎの場合等に絶対に必要である。常に、誰でも対応できるように、書類の所在が明らかでなければならない。管理監督者による進行管理も、経過が不明では十分な管理ができないことは、明白である。特に、滞納者から苦情の申立てがあった場合に、折衝経過が不明では、管理監督者として自信を持って対応することができず、致し方なく相手の言い分を通すようになる。後になって実はこうだった等と言っても、後の祭りである。また、担当者が変更になり、事務引き継ぎが行われたときにもそれまでの経過がわからなくては、適正で効率的な事務を執行することができないことになる。

次に、差押処分をする場合、督促状が法的に有効に発布されているか、督促状の公示送達は有効か、あるいは徴収猶予期間中ではないかといったことをチェックする必要がある。また、時効のスタート時点、時効中断の有無といったことを確認するのにも処分（折衝）経過の記録があってこそ、可能である。

いかに正確な債権管理が必要であるかが、ご理解いただけたのではないか。市町村の職員の方は、住民に近いから処分ができないと主張されるが、実は、ノウハウの問題とこうした債権管理が十分に行われていないことも、差押処分ができない原因になっているのではないかと思われてならない。

ゴネ得を許さず、適正、公平に賦課徴収事務を執行し、税収を確保するためには、早急に債権管理方法を検討し、その方法を確立しなければならない。

3　仕事量の問題

市町村のうち、特に町村は、職員数も少なく、色々な仕事を担当しているのが実態である。一般の税の徴収と国保税（料）の徴収は当然として、上下水道料やその他の業務まで担当している場合がほとんどである。あまりにも仕事量が多いために、仕事の優先順位に従って処理していくと滞納者の自宅へは月に一回しか行けない、電話催告さえもほとんどできないといった町村さえある。要するに、物理的にできない状況があるということである。

このような状況では、たとえ職員に意欲があり、ノウハウがあったとしても適正な事務を執行することは困難である。国保税（料）の徴収は、単に収入の確保だけが目的ではなく、多少手間がかかっても公平を維持する目的もある。そのためには、徴収に必要な人員の確保や組織のあり方も検討すべきである。

おわりに――毅然とした滞納処分を望む――

滞納整理は、一般的には、督促→文書催告または電話催告→面接折衝→差押予告通知→滞納処分と進められていくが、差押予告通知あたりで事務が停滞しているのが国保税（料）である。十分な財産調査も行われず、その結果、債権確保がほとんどされていない。当然、時効の中断もされていないから、多くの貴重な債権が税では五年、料では二年で時効となり債権放棄されている。滞納繰越分に限れば、収入額よりも時効による不納欠損金が多い地方団体がいくらでもある。一方で、財源難で国民皆保険制度そのものが崩壊しかねない状況の中で、あまりにも無責任な対応に、日々驚かされている状況である。小さな市町村では、住民と近いから厳しい処分はできないといい、大都市では、土木等の職場に転勤したときに不都合だなどと出もしないユーレイに怯えている状況である。どちらもヤラナイための理屈を言っているように思えてならない。なすべきは、支払い能力がありながら納付しない悪質な滞納者に対する毅然とした滞納処分である。私がこの本の元になった「滞納整理の実戦論」を連載している「国民健康保険（２００１）」一〇月号の中でも、滞納者の九割は支払い能力がありながら支払いをしない滞納者だと述べられている。滞納者の反発を避けて、そのまま放置しておいていいわけはない。まず、滞納者の納税の意思を確認し、自主的納付が見込めないのであれば、財産を調査し、毅然として差押処分を行う一方で、無財産あるいは財産を処分することによって生活が困窮するようであれば、滞納処分の停止をすればいいし、納税の猶予に該当するならば一時的に徴収を猶予をすることになる。停止あるいは猶予に該当しないならば、やはり徴収しなければならない。強制的に財産を差押えすれば、当然滞納者から反発がある。しかし、それは自主的に納税義務を果たさないから処分されたものであり、いわれのない身勝手な反発である。反発に屈することは断じてないのである。

滞納整理の基本は、自主的な納付の実現である。効率的にも、感情的にも自主的納付が好ましい。滞納処分では財産調査から差押え、公売と多くの手数とコストがかかる。自主納付に比較して著しく非効率的である。当然感情的な行き違いも生じやすい。できることなら徴税吏員側も自主的納付で完納して貰いたいのである。しかし、残念ながら確信犯の者がいる。それは、納めなければいけないことを承知し、納める能力もありながら納めない人達である。こういう人達を説得することはほとんど不可能で、説得しようとすることは時間の無駄だと言っても過言ではない。こうした者の存在が予測されたから、徴税吏員に自力執行権が与えられているのである。

税の徴収に当たっては、納税者の財産を調査し、処分する権限が徴税吏員一人一人に付与されている。一人一人の判断により差押え等の滞納処分を行うことが可能なのである。抵抗力の強い悪質な滞納者を放置しておいて、もの言わぬ住民だけから徴収していては、職務怠慢のみならず、徴税吏員としての誇りも自信も持てないであろう。

徴税吏員は、単なる集金係ではないのである。

私は、全国の徴税吏員諸君よ、納期内納税者の付託を胸に、悪質滞納者に対しては、毅然としてその財産を差し押さえよと言いたい。

あとがき

国民健康保険制度は、保険者の統合及び再編、高齢者医療制度の改変、診療報酬体系の見直し等難問が山積している。いずれなんらかの改革は行われるとしても、現在は、現状の制度の中で可能な努力はすべてすべきである。特に税（料）の徴収においては、まだまだ関係者がご都合主義、事なかれ主義に終始しており、滞納者の反発を恐れるあまり、なすべき処置をせず、本来徴収すべき税（料）を時効により湯水のごとく債権放棄しているのが、実態である。これは、主権者である住民を裏切る行為である。正直者が馬鹿をみることになる。

この現状を、少しでも改善するために私の知識・経験をお役に立てたいと思い、始めたのが徴収アドバイザーの仕事である。仕事をしてみて、いかに多くの地方団体が財政危機にあえいでいるかも目の当たりにした。しかし、一方で、こうした状況におかれても、組織にしみついた事なかれ主義から脱却することが容易でないことも理解できた。そこで、私の主張をまとめ、現状の打破・改善の参考にしていただきたく発行したのが、この本である。

出版するにあたっては、多くの方々からご指導とご協力を得た。特に、神奈川県職員の平松さん、三島さん、井上さんには原稿の段階からお骨折りを頂いた。また、株式会社社会保険出版社の羽取さん、有泉さん他大勢の方々のご助言とご支援を賜った。心からお礼を申し上げる。

最後に、いつも私を支えていてくれる家族にこの本を捧げる。

篠塚　三郎（しのづか　さぶろう）

昭和15年　茨城県生まれ
　　　　　多くの職業を経て以後下記のとおり
昭和41年　神奈川県に入庁・鶴見県税事務所に配属
昭和59年　自治大学税務専門課程特別コースを修了
昭和60年　藤沢市、茅ヶ崎市、寒川町の職員研修に講師として参加
　　　　　神奈川県職員研修の講師を歴任
昭和61年　高額滞納整理の実績により知事表彰を受賞
平成３年　城下先生の研修に悪徳滞納者として出演
平成４年　川崎市の職員研修の講師を担当（一般職員）
平成５年　第一回自治省税務局長表彰受賞、川崎市の職員研修
　　　　　全国地方税務職員研修で徴収部門担当
　　　　　横浜市職員研修（納税関係）
平成６年　熊本県職員研修に講師、横須賀市職員研修を担当
平成７年　熊本県から続いて依頼あり、小田原市他の職員研修
平成９年　戸塚県税事務所長として着任、横浜市職員研修
平成11年　自治大臣表彰受賞、相模原市、相模湖町職員研修
平成12年　相模原県税事務所を勇退
　　　　　税理士業を開業（主に徴収アドバイザーとして活動）
　　　　　全国地方税務協議会主催の研修で徴収部門の講師を担当、
　　　　　以後毎年依頼を受けている
　　　　　各都道府県、市町村、一般税の研修講師として活動
　　　　　国民健康保険税（料）についても各県及び国保連合会主催
　　　　　の研修に講師として参加。国保中央会発行の月刊誌に滞納
　　　　　整理実戦論を連載中、各県の月刊誌に寄稿
平成13年　上記と同様に活動
平成14年　上記の活動以外に国民健康保険中央会主催「全国町村国保
　　　　　主管課長研究協議会」のシンポジウムに助言者として出席。
　　　　　好評活動中
　　　　　平成13年より神奈川県職員の簿記研修の講師を受任
平成15年　自治大学講師

国保保険税(料)
滞納整理の実戦論(基本編)

2004年2月25日　第1刷発行

著　者　篠塚　三郎

発　行　(株)社会保険出版社

本　社　東京都千代田区猿楽町1－5－18
〒101-0064　電話 03-3291-9841(代)
大阪支局　大阪市中央区南船場2－12－10
電話 06-6245-0806
九州支局　福岡市博多区博多駅前3-27-24
電話 092-413-7407

印刷／大日本印刷株式会社
定価はカバーに表示してあります